O. Sutermeister

Sammlung deutsch-schweizerischer Mundart

O. Sutermeister

Sammlung deutsch-schweizerischer Mundart

ISBN/EAN: 9783743426511

Hergestellt in Europa, USA, Kanada, Australien, Japan

Cover: Foto ©Andreas Hilbeck / pixelio.de

Manufactured and distributed by brebook publishing software (www.brebook.com)

O. Sutermeister

Sammlung deutsch-schweizerischer Mundart

Schwizer-Dütsch

Gesammelt und herausgegeben
von
Professor O. Sutermeister

Bilder aus dem Volksleben
des
Vorder-Prättigau's
alter und neuer Zeit
von
Michael Kuoni.

Verlag von Orell Füssli & Cie. in Zürich
1884.

Buchdruckerei Fisch Wild & Cie. in Brugg

Bauerntypen.

(Dialekt Vorder-Prättigau. Schiers.)

As ist gsi im vierta Zehendl va demm Jahrhundert, Agends[1] Maja und ama Sunntig Nahmittatag. — A Puur, — Platzcavig[2] Dietäga Flütsch wemm mer ma sägä — Bsitzer va ma prächtägä Wäsä[3] in Tersier,[4] Ehgspah va ma ziara Fräuli, das an guata Straafl[5] jünger ist as är, und Atti va ma=n ordalaha Fasl[6] Chind, staib am Pfenster und glarat[7] uus nahm Wätter.

Gär nid bi Guat heb'r[8] hüt, warum, bi Brennta[9], bia sit as paar Taga bis in ba Jünker Otta Güeter ga Partschils[10] aherhangat, will schi nid lüpfa, bs chüel Muderwätter[11], bi dem 's ais rächt argruusa und an ba Fingerberri silla[12] negla[13] chönnti, schynt schi nahm ahebaga[14] Täuserlä[15] und Schnee=ruata[16] no nid uf bi besser Syta lah z'wella, und notta[17], b'Är ist am Bomm, moora[18], im speetsta Fall z'Donnstig, sött'r mib schym Behli z'Majasäßstella[19], — uuf in bs Wäsch=chruub[20] — benn mib br Häuschroota[21]) heb'r bigott afa=n uf bi Palangga=n[22] ab bickt.

Us luuter Gift und Täubi zerrt 'r schy bi sybi Zozzla=chappa, bia a mättelgrossi Plassa[23] uf schym vierschrööta Tscholli[24] und as paar Frantalöcklani[25] ob 'm Gnigg becka

---

[1] Anfangs [2] Erster Vorsteher [3] Heimwesen [4] Weiler, 1/4 Stb. außerhalb Schiers [5] Stufe [6] unbestimmte Anzahl [7] starrt [8] ist nicht gut gelaunt [9] Nebel [10] Wald und Wiesengebiet am Fuß des Hochwang, gegenüber Tersier [11] lang=weiliges Wetter [12] beinah [13] schmerzhaft erstarren [14] anhaltend [15] feines, sachtes Regnen [16] Schneegeflocke mit leichtem Regen [17] doch, gleichwohl [18] morgen [19] Maiensäßfahrt [20] Ortsn. [21] halbmondförmiges Schneideisen mit Stiel [22] starker Balken [23] Glatze [24] Kopf [25] längeres Haargelocke.

— 4 —

ſötti, teufer aher und chlepft bs Pfenſterläuferli[1] ſo reeß[2] zua,
daß us ara Blyrundällä=n[3] as zerſpyglets[4] Schybli und hinnan=
ahi au noch a Hoora=n=affs[5] mib Chlippara über b'Simſa in
b'Stubabili[6] aherbräglend[7].

„J möchti za ma Chrüegli wärbä und zam Ggölggli[8]
ußerluaga!" haſiliert[9] 'r, wil er ſchi zam Urſchali, ſchym
Wybli, umchehrt, das, näbät bm Ofa uf'm Gguutſchi[10] höck=
lend, am Schlutt[11] äbä b'Häftleni offa machat, um ſchi berzua
z'ſchüßla[12], irr Grätſchli[13], bm Beſchi[14], ama Feeſchapoppi[15]
va=n ugſehr bri Manat, bs Tütti z'geh[16].

„Aber Dietäga, biſt bu au a Zooranigl und a Täubetſch[17]!
gib bs Urſchali zrugg, „verſünd bi nib bür aſo as laibs
Gatüa[18] und Buſara[19] und ſy nib ſo uſchlündrig[20] und
agahaft[21], bſunderſch nib ama Sunntig, bär für b'Chriſtaheit a
hellaga Tag ſy ſöll, a Tag zar Abacht, zam Friba und zam
Usruaba vam alltäglähä Wälbgrümpel.

Gſiaſt, — und ſchi luagat na mib irr großa=n Auga, bia
nib uärtig bunkla Härzchrieſi z'verglyha ſind, liabärtig aa, —
bu heſt bür bys überluuts Futtara[22] bs arem Schnäggli[23], das
filla=n am Jnückla[24] zuahi gſi we, ganz in b'Uriſchpi[25] bbrunga.

Laß Sötts la ſy und fergg mr liaber uf'm Zuacham=
maraſchgäſſli[26] bs bbüezt[27] Chachali mib bm Rindaſtaub[28] und
Wurmmähl, — ſtah würd 's im oberſta Kaalt[29] hinna — baß
i, wenn bs liab Seeli[30] gnuag Tütti gha heb, ma=n as Mi=
gali[31] under b'Aremli und zwüſchet bi Baintſcheni ybſeea cha,
wil 's gär ärſchröckali ſchmirzt[32] und berbürtwilla b'Wehtat[33]
ſo überhand gnu heb, daß 's im Schlaf winggat[34], ſchi zer=

---

[1] Schiebfenſterchen [2] ſcharf [3] Rondell, Bleieinfaſſung [4] zerſchmettert [5] das
mehreckige Bindeglied zwiſchen den vereinigten Rundſcheiben [6] Stuben=
boden [7] herunterraſſeln [8] Krug=Schnabel [9] aufbegehren [10] eine Art Ruhbett
[11] Hausjacke [12] anſchicken [13] das Kleinſte, der Benjamin [14] Sylveſter
[15] Wickelkind [16] die Bruſt reichen [17] jähzorniger unverträglicher Menſch [18] Pol=
tern [19] Unzufriedenes Gebaren [20] unfreundlich [21] ärgerlich, ſtreitſüchtig
[22] Aufbegehren [23] Koſename [24] Einſchlafen [25] Unordnung [26] Nebenkammer=
Wandkäſtchen [27] mit Draht geheftet [28] Baumrindenmehl [29] Fach [30] Koſename
[31] ein wenig [32] wund ſein [33] Schmerz [34] halbunterdrückt ſtöhnen.

bäuglat[1] und bim a jeda Rung[2] luut Pfingg ablahb[3], bia mr bür Lyb und Seel gahnd."

Är gaib, nüstarat[4] im Schgäſſli, bis 'r bs Chachali gſunda heb, und büütera's:

„Se, ba heß! — Loß mys Du[5]! Äs iſt mr gwüß nib z'wyſſa[6], wenn i nib ba Guata ha, wil mr, wia b' ja woll waiſt, Aus z'Widerſpyl[7] gaib.

Uf'm Stall hann i ehzytſch[8] kais Löckli Häu meh, — wenn 's guat gaib, as paar Wüſchleni noch und baas iſt bs Maiſta nu ufreßigs Gäpülſter[9], aswas zemntagſchorrats Gmüll[10], wa wäder Saft noch Chraft, noch Tuget noch Macht yheb —, und berzua gib 's albig und in aim Tromm[11] oba=n aher, baß ma kai Hund, verſchwnga=n as Höptli uszaga törſti.

Geſter heb 's a Raiß[12] gſchunna, as chönnti gnuag gſublat und entli usbuuhet[13] hah, und as welli numeh uſtua[14]; benn im Loch bußna heb 's aswas prächtigſch bbälgglät[15] gha und au fuß is as Bizlaggi[16] arluamat[17] gſi, aber b'Wätterzaiha ſind au nümma wia aſia[18], au bia ſind verchehrter as ver= chehrt, wia vyl Anders uf berr laiba ſünbaga Wäld.

Im Stall iſt au alpott ättäs Plonberſch looß, und Zingg= Zingg[19] tüend b'Ugfellani[20] mibananbara=n abrooba[21].

Kai Manat is, ſa hann i ga Maria büra za Schuachter= Zachi[22] ſchicka müeßa, um na häräz'bſölba[23], baß 'r br Men= tjcha[24] und bm Rötſchi[25] bi Benber[26] ſchnybi. Ds Glyha heb'r au br Hubla[27], bm ſchwarzgſtrahlata Nooß[28] und br Zytgaiß[29] mib ba Zälläli[30], bia Alli benberig[31] gſi ſind, tua müeßa.

---

[1] sich biegen und wenden [2] jedes Mal [3] kurze Schreie ausſtoßen [4] ſtö= bern, ſchnüffeln [5] Höre, mein Du (ſtatt des Namens) [6] verweiſen [7] ſchief [8] demnächſt [9] Überreſt [10] zerriebene Heuüberreſte [11] in Einem Zug [12] eine Weile [13] ausgeleert, ſich erſchöpft (vom Wetter) [14] aufhellen [15] aufheitern [16] ein bißchen [17] wärmer werden [18] ehmals [19] Schlag auf Schlag [20] Unfälle [21] abwechſeln [22] Schuſter=Zacharias [23] herbeſcheiden [24] Zweijähriges tragen= des Rind [25] rotfarbiges Vieh [26] Sehnen [27] langhaarige Ziege [28] junge Ziege [29] zweijährige Ziege, die noch nicht geworfen [30] zobbelartige Auswüchſe [31] gelenkſteif.

Di hübsch ziar, gremmig¹ Hübi², wa amal noch as rächts Bremirind³ ggeh und a wackari Schülli⁴ ggolta hetti, ist mr, wia b' ja waist, über Nagel⁵ brukkyt. Rähggä⁶ hann i müeßa, wa ara bs Fähl abzoga ha, um wenigstens no baas z'Nuß z'chehra.

Nüüa tuab mi au bi ggalant⁷ Schällgais⁸, an bia zerst dr Schaab⁹ und bernah, as wie agwoorsa, suß aswas Tüsa=chersch¹⁰ choo ist. Grimmig froh hann i no sy müeßa, daß i scha noch vor Abraisa¹¹ ama Lumpasemmler z'vergwanta¹² choo bi, aber wia? für sächs Gaffichachali, etli Eustätä Fisisäll= benbli¹³ und Brysnestali!

An demm schynt's no nid gnuag z'sy; as ist no gar nid gsaid, baß nisch bs Schwy au nid abtisiliert¹⁴. Spuckarichtigs¹⁵ is mi ma¹⁶ und i trua ma wellawäg¹⁷ lütschel¹⁸!

Waiß dr Kuhber¹⁹, wia 's aso derhinder choo heb chönna; gwüsser heb ma=n a Wind in ba Lyb gschlaga. Barmaalisch²⁰ dumm trifft 's y, baß Bachi gägäwärtig, wemm ma na hah sötti, nid choo cha, wil 'r schi bim Zimmara mib ara Braitär ama Chnoba²¹ starch gschebagat hai und a tschuppa²² Tag yhocka müeßi." —

„I glauba 's grab au, baß bs arem Tiar in a Wind choo ist", maint bs Urschali; „ma gsiab 's scho an br ufghubata²³ Gschwöllni und am Ummerggruupa²⁴. Wenn 's aso zippehrtig²⁵ albig im glypha Winkel höklat und wemm ma chunnb aim so ätgäge= sünggät²⁶, maint ma grab, ma müeßa ma hälsä! Graanat²⁷ heb 's und schi' gschmückt²⁸ in ba leista zwai Taga, as ist grab a Sach! Di ganz Gschichti chunnb vam Dürzug härä, wil br Lüsch²⁹ nid kabb gaib³⁰ und im Ställi z'vyl uvermiasat³¹ Schlüff

¹ gut gebaut ² Mutterkalb ³ Prämien=Rind ⁴ Geldsumme ⁵ unerwartet schnell ⁶ weinen ⁷ ausgezeichnet ⁸ schellentragende Gais ⁹ Krätze ¹⁰ Teufels ¹¹ Draufgehn ¹² veräußern ¹³ fingerbreites, gewobenes Bändchen ¹⁴ brauf= gehn ¹⁵ nicht richtig ¹⁶ mit ihm ¹⁷ so wie so, jebenfalls ¹⁸ wenig ¹⁹ Kuckuck ²⁰ vermaledeit ²¹ Fußknöchel ²² mehrere ²³ aufgetrieben ²⁴ Kränkeln ²⁵ niebergeschlagen ²⁶ klagende Töne von sich geben ²⁷ abmagern ²⁸ zusam= menfallen ²⁹ Futterloch zum Schweinetrog ³⁰ geschlossen gehn ³¹ ohne Moosverstopfen.

dr Luft bûrlahnd. Beſſer wer 's gſi, mr hettend dr arem Guaga¹ va=n Aſang in da warem Stall y tah, ſa wer 's nid in dş Utua² choo. Im Chromma³ wurti 's allwäg am Platz nid gmanglat hah. A mym guata Luaga⁴ heb 's nid gfehlt und lahn i 's nid ſehla; wenn 's zam Beſſara will, ſa heb ſchi dr Habſcher⁵ i churza Taga widerum erſchymerat⁶ und naher= gmachat, ſälb fürcht mr gär nüb!

Wemm ma=n aş Ugſell hah ſöll, ſa hann i 's no tuuſig Mal liaber im Stall aş im Huuş. Derra=n Ugſellani lahnd ſchi noch ättä=n aşwia verſchmärzä; wägä berragna⁷ Sacha kyt dr Himmel no nid y; dş Bräſtenbä⁸ chamm ma dûr Nah= züha⁹ und Chauf widerum erſetza, aber im Huuş, ba heb's an an= dari Naſa¹⁰. Wenn dş Ai olb dş Anber uf'm Schraga¹¹=n' iſt, wemm ma bi Dôkter vyl in da Türra ha muaß und dş Wärch nümma rächt fürwärt will, benn chönnta ma=n aim dş Chlaga nid wyßa.

Dş Gſell¹² chunnd va=n oba=n aher; miar chöund Nüd enbara, müeſſen'ş neh, wia'ş dr Härrgott ſchickt. Chunnd mr ättä=n amal a laidi Baſteeta¹³ z'Handa ol ſuß aşwaş Uliab, ſa benk i: „Du heß verdienat; aş würd au z'an Ättäş guat ſy." Nia uf'm Sinn chunnd mr, waş dş Perdatſch¹⁴=Evali amal, aş i truragi gſi bin, zua mer gſaib heb: „Mach'ş anderiſt, wenn b'chaſt! Lua, baß b' a glişmata¹⁵ Gabultſack heſt, aş chunnd dr wohl! Albig chlaga=n aş wia a rinnendi Pfanna hülſt dr kaiş ainzigş Chytli¹⁶ und iſt a ſchweri Sünd! Putſchetiſt¹⁷ mid dm Chopf in aş Gwätt¹⁸, waş hettiſt beſt= meh? dr aiga Schaba!" —

„Um mr gär nüb fürwärſä z'müeßa, baß i am chranka Tiar au nu dş Allergringſta verſummt hai, will i noch amal a Näukätä¹⁹ fürneh mid Bohnaſtrau, Räckholterberri²⁰, Aſt=

---

¹ eigentl. Käfer ² Unpäßlichkeit ³ Stalleinfriedung für Schmalvieh
⁴ Sorgfalt ⁵ Schwein ⁶ ſich vorteilhaft machen ⁷ berlei ⁸ das Fehlende
⁹ Nachzucht ¹⁰ iſt ein Anberlei ¹¹ Krankenbett ¹² Glück ¹³ Unerfreuliches
¹⁴ Ortsn. ¹⁵ geſtrickt (behnbar) ¹⁶ nicht das Mindeſte ¹⁷ Stoßen ¹⁸ Wand
¹⁹ Räucherung ²⁰ Wachholderbeeren.

renza und Maſtig. Dammahrga¹ in Milch gſotta, chönntend
au guat ſy, wemm ma ma dr Tramk yzſchütta chiemti. Sötti
Alls nüd hälfä, ſa ſöll's gah, wia's gah ſöll!
As guats Huusmittel ſchabt amal uf kai Fäll. Alls brucht
Zyt und Wyl, — au b'Chrankata; choo tüendſch gſchwind
und gah gruſig langſam! Wenn Maiſter Zacharias au chemi,
i rächnä, är würti au nid Alls grad äwäckblaſa chönna."

„Ei ja, Dietäga, ſo mr va Zacharias redend, ſäg' mr au,
iſt'r gwüß im Äriſt ſa gſchyba as ma tuad und is Söllis mid
ſchyr Dokterig, wia ma ghört? Würd nid ättä z'vyl Wäſis
brus gmachat?"

„Nai, mys Du, as tifegers² Menndli as är gib's kais,
ſa wyt as ma b'Mählſuppa rööſt, z'Land uus und y kais ka=
pablers um bs Veh um", gib Dietäga zar Antwort. „Au um
b'Lüüt um iſt'r a varbrahta Kärli³, a Chönnendhafta⁴, z'Truz
memgem gſtubierta Dokter, das chann br ſägä! Är iſt gär
aparti guat für allaberlai Schädä, ſo amal für bs Atrichta⁵=
n=im Chrüüz und bs Huffweh⁶, bi Vaibrüch und Verſtreckaga,
bi'm Schgritz⁷ und Rematiß⁸; nid minder für bs Rüggweh,
wenn aim a Tropfa Bluad gſchoſſa=n=iſt⁹. Uhegglifch¹⁰ guat
verſtaid er ſchi bruuf, mid Worta Winda und bi Blaatara
z'brächä, bs Bluad z'ſtella, Wärlä¹¹ z'vertryba, ohni Haua¹²
bi herrtaſta Chnübärä¹³ und bi laidſta Ggünſcher¹⁴ z'zertaila,
Wibergenda¹⁵ vergah z'macha. Brucht i a Laxierig old a
Prgierig¹⁶, i nehmt a ſcha nu va=n imm, va kaim Dokter, va
wägä, är chennt's uf'm Fundament und rächnät, denk au, wia
ma ſaid, no filla nüd!! Ds Karjös'ſta iſt mr, daß bs aifach
Puuramenndli, das uf kaina Schuala=n ummertroolat iſt und
nid, wia vyl Ander, bi br Villi und Schweeri verbruha¹⁷ hed
müeſſa, gär Alls va ſälber und us aigner Arfahrig azgattaga

---

¹ gem. Baldrian ²geſcheit ³ein Tauſendſaſſa ⁴fähig ⁵Verſehren, Be=
chädigen ⁶Hüftſchmerz ⁷Krampf in Fingern u. Hand ⁸Rheumatismus
⁹Herenſchuß ¹⁰Überaus (unhölliſch) ¹¹Geſchwür am Augenlid ¹²Schneiden
¹³knotenartige Anſchwellung ¹⁴ſtarke Drüſengeſchwulſt ¹⁵angeſchwollene
Halsdrüſen ¹⁶Purgaz ¹⁷viel u. ſchwer Geld verbrauchen.

chunnb¹, sövl zwägbringt, und berby bi ganz Chunst nu nah ama bsundera Buach batrybt — i glauba=n, as sy bs sibet Buach Mosis olb gär ais, wa bie gyptascha Gheimnussi bry sind."

„So, so, jetz los ma be! Nib um vergäbis ist das tuusig Mennbli bi biar und bi Vilna sa guat im Schild² und guat spezial sagär mid Höha³.

An ba Lüüt chamm ma schi äbä trüga=n im Guata wia im Böscha, das ist amal fertig und ais, das richtig ist!

Aswenn⁴ ist mr bür aswär⁵, — wenna mi rächt er= bsinna⁶, is bs Forts⁷=Trini⁸ gsi — aggeh worba, daß Za= charias sit br churza Zyt, wa 'r bi Dokterschaft trybi, i schyna Kura=n as rächts Rosgsell⁹ hai, ma sägi va Sacha! Gälb chönnt'r verbiana=n aswia Laub und as stairychs Mennbli chönnti's us ma geh, wenn'r nid Alls für halba gschankt macha teti. J hann bua tenkt, as sy nu a leeri Tätschätä¹⁰, uf bia ma nid gah chönni, und drum bi derr Glägäheit liaber by sälber gfreegat.

Wil i lütschel under b'Lüüt uschumma, ghöri nid Alls, was hy und wider ättä=n arriviert; ist aber au gragglych; ma=n arfahrt bs mehrzyt doch nid vyl Guatsch."

„Chönntist rächt hah! allwäg chunnb aim nid vyl Gfräuts z'Hanba", maint br Ätti, bär uf bie letsta Woort br Mamma nu halba glosat gha heb und suß noch Aswas uf'm Härz hah muaß. D'Mamma, gär as politisches Fräuli, gsiab ma's albig an ba=n Auga=n aa, wenn by ma=n Ättäs nid grab lyb.

„Säg' mr au, was hest? Ist br ußert br Stallkammebi¹¹ suß noch ättäs über b'Läbärä krocha? Dr reeza Luagi nah schynt bi biar no nid Alls glaslutter z'sy. Was hest aigentli für a Prescha¹²? Amal y hann br mid Wüssa nüb in ba Wäg glaib!"

Ju Dietäga sahb's uf as Nüüs a z'wärhä und was 'r binna heb, muaß unßer, srili mid Polbara. Di Geeha¹³

---

¹ sich zu behelfen wissen ² angesehn ³ Hochgestellte ⁴ einmal ⁵ jemand ⁶ erinnern, besinnen ⁷ ein Berggut ⁸ Katharina ⁹ überaus viel Glück ¹⁰ Ge= rede ¹¹ Unannehmlichkeit im Stall ¹² Geheimer Zorn ¹³ Jähzornige.

nömmend überhopt kais Blatt für bs Muul und leggend b'Woort uf kai Golbwaga; au är heb za benna ghört und baas ist bs ainzig Fehlerli gsi, wa ma ma nahwysa heb chönna.

„Hoora[1] möchta ma=n überchoo", futtarat[2] 'r, „wemma gsiab, wia's in br Wälb zua= und härgaib, und ma=n inna würb, wia's a Thail Gööf[3] machend, va benna ma maina sötti, schi müeßtend a Troost und a Hülf sy für b'Eltara."

„Wär schi verlahb uf schyni Chind, bär ist an beebna=n Auga blind!" — Där, wa das Giätzli[4] gmachet heb, ist wärli nib uf ba Grind gsyt gsi.

Ja, ja, a Gyma[5] stächät im mr, und denn noch a wiata[6]? Vor luuter Brasch[7] hann i hüt hofeli z'Marend äßä[8] möga, bi Bröch[9] sim mr, lütschel hetti gfehlt, zrugg naher choo. Was maist, was b'Schuld ist braa? So wyt bbrunga heb's ünschi Zeba[10], b'härä Sepha[11], berra=n y i letster Zyt ganz und gär dr Maga[12] verlora ha, bia, sit asch schi schi zar Emmani Menga[13] in bs Doorf y an ba Dienst verbingat heb, — as jahrat banehsta[14] — mächtig hochstreeßi[15] ist un nisch nib hua meh bernah freegat, überhopt berglyha tuab, as ob'sch nümma zua nisch ghorti. J hann dr Lohn für ba Glimpf, wa'sch in br Jüngi albig va miar überchoo heb; hetti doch au b'Fitza wenager gsparrt! So gaib's, wem ma tumm gnuag ist und a schyna Gööf ba Narra gfräßä haa will!

„Hebsch ättä=n as Missi[16] baganga, an anber Lüüta Sacha=n ättä grüpflat[17]? Herr Jesesli, bas wer mr!" stammlat b'Mamma, berra's grab worba=n ist, as ob scha=n aswär tschussati[18]. —

„Chunnst us'm Wunder! Hüt uf'm Chilchwäg ham mr la sägä, baß bi utüenbli[19] Güscha[20] albig bs verzwyflet[21]

---
¹ Hörner ² aufbegehren ³ Kinder ⁴ kleiner Satz, ber eine Wahrheit birgt ⁵ zornige Anwandlung ⁶ was für einer ⁷ versteckter Zorn ⁸ zu Mittag speisen ⁹ Brocken ¹⁰ Sidonia ¹¹ dummbreiste Person ¹² bie Neigung ¹³ Ammännin Monika ¹⁴ nächstens ¹⁵ hochtrabend ¹⁶ Unrecht ¹⁷ sich vergreifen ¹⁸ bei den Haaren nehmen ¹⁹ ungeraten ²⁰ liederliches Geschöpf ²¹ heillos.

— 11 —

Ggritt¹ im Grind hai, statt basch, wia's bi ba Dienſti brüühig und rächt wer, orbali zar Sach luaga teti. Hofeli trocha hinder ba=n Ohra, henkt ſcha ſchi nib aſa=n an br Erſt br Veſt, an aſo a Hoſalotteri² und karlents Schluanggi³, bär nib Schwarzſch für'm Nagel heb⁴, an — Lär=Jogg.

Du chennſt a nüb; är iſt aswialang⁵ in br Frönbi, grwüſſer in Atalja⁶ gſi und vor as paar Manat a Lyb und Seel verdorba widerum hai choo, um ſyter ummerz'ſtriala und bm Härrgott bi Zyt abzſtällä. Ds Veſta, was'r tua cha=n, iſt, bm Wybavolch nahz'ſchlyha und ba und böet ama ver= holdata⁷ Gſchöpfli dr Chopf no graggär⁸ zverbreca. So würb'rs au bim Zebi gmachat hah, dia in ds hübſch Maſchgalagſicht⁹ ganz vernarrat worda=n iſt. Va Gſeh ſöll's nemmli a Laiba nib ſy und zam Staat macha und Hübſchelitua ſy's gär a Gabuzta wia nib lycht Aina. Aber, was heb ma va dr Hübſchi? — A blawa Tühgger¹⁰. — Was nützt as hübs Ziffer= platt, wenn b'Uhr nüb iſt?!" —

„Nu, nu! ſys mr a Gottsliabanamma! Va=n Allem zemma hann i kais Wörtli ghört. Hann i my Läbätag! Wer's mügli, daß mr ſa wenig Fräud anara=n erläbtend?" D'Mamma würggt's uußer, ſilla=n am Rähggä zuahi, mid ba Hend an irr Zöpf dobna, um am Chappatuußi¹¹ ättäs z'rächt z'legga.

„So is, wia i ſägä! Uf a Zuabuatz¹² vama=n Eryp chann ſchi Jogg au kais ainzigs Gottsnähregli¹³ verlah, wa= rum, ſchy Atti heb albig bm Hobel z'vyl Iſa g'lah; bi Alt, ds laib Pfluuſter¹⁴, a hinderzügaga¹⁵ Saama¹⁶, iſt z'fuul gſi, z'wärhä; ſtatt abztaila, hebſch gſchlampat und pampat¹⁷, hebſch hinderuggs guati Trächtleni glöchlät, Würſtleni praata, Chüechli

---

¹ Herumfahren ² unordentlicher Menſch ³ Nichtsnutziger ⁴ ein Habenichts ⁵ eine Zeit lang ⁶ Italien ⁷ verliebt ⁸ vollends ⁹ Lärvchen (Maske), feines Geſicht ¹⁰ blauer Teufel ¹¹ ringförmige Spitzengarnitur um die Zöpfe ¹² Zuſchuß ¹³ nicht im Geringſten ¹⁴ fette Perſon ¹⁵ arbeitsſcheu ¹⁶ Schimpf= wort ¹⁷ ſchlecht wirtſchaften.

mib Schwenz[1], Göggˌ[2] und Gizichemmleni[3] in Seekana[4] Schmalz pacha, daß oba zemmagrunna=n ist.

Ehzytsch hendsch b'Sach ufgmüschelat[5] und derzua br Buggel volla Schulba gha, und Niamet heb na meh wella=n Ättäs uf Pyt[6] geh. Jetz muaß br arem abgwährhät[7] Storri[8], bär hofeli meh ab Tätsch[9] chunnb, in ba Wälb und Töbel fast um nüb ummerbaitza[10]; das grusig chlai und grimmig ararnat[11] Taglöhnli chleckt[12] niana meh und so müeßensch vylzyt Elenb giga und Trüebsal blasa. Kais Wunder, as hetti ja Alls nüb bschüüßa[13] müeßa, so hettend bim Gugger Anber vyl hinder! Schab wer's, was bernäbät güengi! Alls ais is[14], wia's na gaib, wennsch zar Sach nib besser luaga henb chönna. Pfutr br Schinter[15] y, s'as aso z'macha! . . . .

Va Friba zwüschet imm und irra wemm mer nib schwätzä; bär ist ama chlaina=n Ort gsi[16] und, wia ma saib, hett's boba dick[17] müest Chappahenbl[18] ggeh, wa'sch ananbera grusig laib tah, ananbera gottsvergässä=n Übernemma gsaib henb; — Kanastara[19], laibs Laschi[20], Huttscha=Baba, müesti Flaarza[21] va schyr, Huuher[22], Taigaff[23] und miserablaga Branntawy= tüchel[24] va=n irr Syta, ist hailig gsi gägät noch Wüesterem . . . .

Maist, Urschali, i hai albig so grätzgät[25] und graggarat, hai mi albig so abgschunta, daß i erbrocha worba[26] bi und sy albig so uf Erhuusa=n abgseh gsi, um hinnanahi a sötta Lamarsch und Tehtisnoob[27], bär in Wärhäsch Namma kai Finger ußstreckt und hofeli bi Bai lupfa mag, bär näbät bm Nübhah uf br liaba sünbaga Wälb gär nüb ist und nia nüb gib, sampt schyna Plütt[28], überhopt so an Bättlerzuug z'erhalta?

Bi Gott nai! Ättäs Söllisch sötti br Gugguser hola!

---

[1] Salbei=Kuchen [2] Obstgebackenes [3] hufeisenförmige Kuchen [4] von See. Übermaß an Flüßigem [5] aufbrauchen [6] Krebit [7] abgearbeitet [8] langsamer, unbeholfener Mensch [9] von der Stelle [10] sich herumschleppen [11] erarbeitet [12] ausreichen [13] ergiebig sein [14] Geschieht ihnen recht [15] Pfui der Schinder! [16] schmal beisammen, nicht weit her [17] sehr oft [18] unangenehme Auftritte [19] Canaille [20] abgefeimtes Weibsbilb [21] unordentliches Weib [22] Uhu, [23] Dummkopf [24] Saufgurgel [25] mühselig arbeiten [26] einen Bruch davontragen [27] lahmer Arbeiter und Nichtsnutz [28] unerwachsene Kinder.

Sa lang as i noch a wyßa Zand macha mag¹, heb Jogg b'Nasa putzet. J glauba's schoo, baß ma Dietägäsch Vermögali gsüeli, baß'r bs Zebi mib gschläcktätä Fingara nehmi; berra Huutsnarra² gebi's no meh va ba bis ga Basl.

Mag br uverschammt Kärli bm Zebi hosiera und mibara karisiera, uf scha-n asta³ und ara br Fugsschwanz tryba⁴ sa lang und sa vyl'r will, i stah guat bersüür, baß bia Bedi am End aller Enba, wenn's uf ba=n Aprapoo achunnb⁵, nib zemmaz'stella⁶ chommend. Churz und glatt und churz und durchuuß, i lyba's nib! Schi chömm mer ga Füferla choo bis's Sächsi schlahd⁷." — Und är unberbricht mib Spübara und Blübara⁸ schy Litany bür an grimmaga Füüstlig⁹ uf ba Tisch, baß va ba Fingerglaich im Tischplatt Bünna¹⁰ z'gseh sind.

„Aber Dietäga! — Ätti! — versüerst du nib a Läbtig¹¹ und an Ggalleera¹². So hanna bi no gär nia gseh, sit mer bs Ghüschet¹³ mibananbara hend. Du tuast, as ob b'ab br Chötti und nümma gschyba werist; rächt ufghüzt¹⁴ bin i, sälb muaß i sägä! Söllis heb denn doch asa kai Schichti und kai Gattig¹⁵ meh! Sött Kammedana tüend ara Säuggeri nib sa guat und, was noch böscher ist, bi Poppeni suugend br Schrecka mit br Milch ab.

J mainti, du werist doch asa=n alta gnuag, um bas z'wüssa!

J glauba's überhopt und grab nib, baß's mib br Holb= scheft sa wyt ist und baß Ärist gilt! Wenn i, wägä mym chrankna Bai und sit mr br Chlai hend, au nümma in' bs Doorf yzgah choo bi, sa hetti nottan=n aswiavyl va br Sach ghöra müeßa, bas ist amal fertig! J will wetta, du hest bi nu zam Bisi¹⁶ la hah!"

„Ach, au Drällä¹⁷!" brunset br Ätti noch amal uuf,

---

¹so lang als ich noch eine Spur von Kraft besitze ²vollkommene Narren ³Absichten haben ⁴schmeicheln ⁵wenn's Ernst gilt ⁶heiraten ⁷es ist keine Möglichkeit, niemals ⁸Speichel ausspritzen u. geifern ⁹Faustschlag ¹⁰Beulen ¹¹Lärm ¹²überlaute Rede ¹³Haushalt ¹⁴vor Schreck auffahren ¹⁵Art ¹⁶zum Besten ¹⁷Dreck.

„maiſt ättä, i ſy am lätza Tromm, i ſy a blinda Heß! Haltiſt mi bu aigentli fur as Puuraſüün¹?

Wenn b' nah Allem, was afa fürchoo iſt, nu noch grab bs Gägäteil pretenbiera wettiſt! Was ſaiſt berzua, wenn br ſägä, baß bs Zebi und Jogg ulengſta=n ira Samſtignacht va da Lebaga „ggraba"² worba ſind, wenn na bi Buaba=n an br letſta Puuraſaßnicht, am Sunntig nah br Bſchuurimittwucha³, vam Schybabüel⁴ aber, utonberli b'Schyba gſchlaga hend und im ganza Doorf bs Gſchwätz ummergaib, bs hübſch Päärli well gſchwind über ba Sägäſähenki=Sunntig⁵ ab Hochzyt macha?"

„Jetz be! Ei bhüetiſch my Heer und my Drooſt, was du nib ſaiſt! Is aber nib ättä=nu an Uſbatrǟchig⁶? Hajentſch na b'Schyba=n au würkli gſchlaga?"

„Ei vermuatli⁷! bs Gvatter Chlaſi uf br Chreja⁸ hebmr nunbig⁹ gſaib, wia bi Lebaga mächtig großi füüragi Schyba gägät bs Dorf aherpeeht¹⁰ und mib br lüüteſta Gſgällä=n uus= grüeſt hajend:

„Heh! Schyba=n uus und Schyba=n y, Wemm ſöll dia Schyba ſy? Dia Schyba ſöll Lär=Jogg ſy! Lär=Jogg nib allei, — Dr Terſier=Zeba=n au a chlei!"

An demm is no nib gnuag gſi! Hüt, wa i bim Rahbhus= Schorrli¹¹ verby gah, ranzet mi bs Platz=Zij¹², bi abgſchmackt Pſlüttara¹³, irra Wyſch und Art aa¹⁴, daß ara gärä toll und wacker¹⁵ b'Mainig gſaib hetti. „Dietägä", ſaibſch zua mr, „gält, bu heſt mi denn au an Zebiſch Hochzyt? J gebi denn notta noch a rächti Spuuſajumpfera!"

As iſt guat merka gſi, daß mi bi tuuſigs Täſchä¹⁶, bi grööſt Bläderſyla¹⁷, wa uf zwai Bai ummergaib, nu ufzüüha

---

¹ dummer Bauer ² Belagerung und Aushebung eines Kiltgängers durch die Dorfburſche ³ Aſchermittwoch ⁴ Hügel, von welchem aus das Scheiben= ſchlagen betrieben wird ⁵ Schlußfeier der Heuernte ⁶ Aufſchnitt ⁷ gewiß ⁸ Dorfteil in Schiers ⁹ neulich ¹⁰ aherbeja = mit Gewalt herunter ſchleudern ¹¹ ſteinerne Vortreppe ¹² Luzia, am Platz wohnhaft ¹³ plumpes Weibs= bilb ¹⁴ aranze=anpacken, anhalten ¹⁵ tüchtig ¹⁶ abgefeimtes Weibsbild ¹⁷ Klatſchbaſe.

und fugfa heb wella. Wia a gfchentagi¹ Gais ham mi bua da Muura nahftriha müeßa und rächt gfotta heb's im mr, aber was hanni wella macha; wem ma br Schaba und b'Schanb heb, muaß ma fchi tucka; bs Muulahenka wer im a fötta Fall fchlächt agwendt."

„As wer mer", lahb fchi bs Urfchali nah ama Wyli ver= neh, „gwüß fa wenig rächt as biar, wenn bs Zebi nu fo uf Etfchentfch² hi a Hüret müechi, wür 's woll glauba; fchi ghört ja miar fa guat as biar! Will's br liab allmächtig gnebig Gott chomma mer aber b'Sach noch vorhi aswia z'verrigla; fuß mer's frili beffer gfi, är hetta fcha afa jungi ghaimat, fa wußt ama, wa'fch wer!"

Laß br's aber fägä³ und gfaib fy, mib Usfchütta=n und Böfchi lahb fchi ba nib vyl usrichta, bs Kunträri, ma füürat nu noch meh aa, und wafch fuß nib tetend, tüendfch aim bernah gärä z'Tratz und us Expreffi. Ds Ushäufcha⁴, b'Räufchi⁵ und b'Rezenti tüend in berraga Sacha fältä guat, chaft luaga wa b' witt! A ftettagi Gurra⁶, lahb fchi, wia b' waift, güetekli ringer wyfcha, as wemm ma über fcha=n yggümmarat⁷ und fcha=n albig zerfchmütza⁸ tuab.

Laß di nu bagüeta, my Dietäga, laß'br br Chummer nib über b'Chnäu ufchrüha; i will ja tua, was mügli ift, um b'Sach widerum in ba Gglangg⁹ z'bringa.

Sabalb as nu a Chriftamüglikeit ift, gahn i in bs Doorf, richta mi hinder bs Zebifch Patrüüni¹⁰, bafch ara fürgnat br Kabilentis läft¹¹, gib ara, wennfch uf my di guata Wörtleni nib lofa wetti, fälber as reeßes Repermandi¹², wafch irr Läbtig nümma vergißt, und i truua, baß i, z'Trutz irr Steckgrinbegi und Sprützegi¹³, — waift, bs Chöpfli hebfch as Bitfchi va biar, hai's nib ugärä — nottafööl Gwalb über fcha ha wärdi, um ara b'Auga=n und b'Ohra öffna z'chönna. Zerft würdfch

---

¹ nafchhaft ²auf Geratewohl ³ üble Nachrebe ⁴kleinliche Kritik ⁵Herbheit
⁶ fteckköpfiges Mutterpferd, ftörrifcher Gaul ⁷mit harten Schlägen traktiren
⁸mit Ruten peitfchen ⁹Einklang, Orbnung ¹⁰Meifterin ¹¹ben Text lefen
¹² fcharfer Verweis ¹³ aufbraufenbes Wefen, Eigenfinn.

mr woll wibrbäfflä ¹ unb anſtatt beß Ja, beß Nai ſägä, aber i hann au in anberna wüeſta Baträchenä ² ſchoo bß rächt Trömmli funba; — warum ſöttiß ba nib au gah?"

Dietäga heb'ß bi br Mamma Reeb rächt glychtet; wia an umgkehrta Strumpf iſt'r worba; bi Zoora=n=Abera über b'Stirna härä, vorhi ſa bick aß aß bünnß Häuſaili, heb nah unb nah gſchwunna; aß Lächlä zaihet ſchi i ſchyna Muulwinkla.

„Du biſt", machat ara bß Kumpliment, „ſa wyt aß br Himmel blau iſt, gwüß unber Allna bi Tifegiſt ³ ; an Aſikat iſt an biar verlora gganga unb gwüß nib br ſchlächtiſt, baß iſt amal uuß unb verby! Waß η i myr Ufgrümmti ⁴ unb Geehi ⁵ verberpa, machiſt bu wiberum zrächt; grat i aſia in a ſaffermoſtß Härrä ⁶, ſa chumm i wiberum uußer nu bür by! Wenn i biar in bi liaba=n Auga luaga, ſa vergaib mr br Zoora wia br Putter an br Sunna.

Wär chönnti uf b'Lengi mib br ſchmählä, wär biar uf Gältä=n ättäß ab ſy?

Sy'ß bm liaba Gott bankat, baß i bß Gſell gha ha, aß ſöttß bätthaftß Fräuli z'überchoo, mib ſövl Liabi und ſövl Ver= ſtand, — aiß wia bi liab Stunb!

Wärli, my Mamma muaß guat für mi bättät hah!"

Dß Urſchali lächlät unb errotat biß uuf an bi Zöpf, bia ſilla ſa groß unb ſa ſchwer ſinb aß Rätſchzöpf ⁷, baß'ß an Drittel meh Haarſpällä ⁸ bruucht aß bi Anberna, um ba mächtig Wurggel ⁹ — zam Trägä br beſt Wüſch ¹⁰ — heba z'macha.

„Du biſt a Kalfakter ¹¹", maint ſch', „aß iſt br nib halbß Ariſt!"

„Dß Verſchwerra: „Söll'ß mi töta unb zerſprengga!" — ol: „J will kai Tail am Himmel hah!" — „J will nib gſunb ba awäck choo!" — „J will nib ſelig wärbä!" — „Sa gwüß aß i ba bi, ba ſtah unb ba ſitza!" iſt nib my Gattig;

---
¹ wiberbelfern ² Unannehmlichkeit ³ die Geſcheibteſte ⁴ Aufbrauſen ⁵ Jähzorn ⁶ Sappermentß Wirrwarr ⁷ Wergzöpfe ⁸ Haarnabel ⁹ Wulſt ¹⁰ Unterlage zur Tragbürbé ¹¹ Schmeichler.

derra Narratija=n und Faxa hann i grimmig uf'm Strich.
Wär mr suß nid glaubt, cha's la hocka lah! Säg i Ja ol
Aa=ha, ja=n is Ja; säg i Nai ol Ha=aa, ja blybt's bim Nai!
Ds Flattiera, sövl sött afa wüssa, ist mr nia aiga gsi.
Verstella hamm mi nia chönna und hann Dia nia schmecka möga,
bi benna wa's ghaißa heb: „Gassalächler — Huushächler."
Mid verschlagna Lüüt, ol mid Söttna, wa falsch sind wia
Galgaholz, waiß ma nia, wa ma braa ist, — schi simm mer a
rächtä Doora. Gschnyder, as y bi, mainend fryli, as bitschi
Diplomazy, wia sch' uf Wälsch sägend, sy absaluut nötig, um
dür b'Wäld z'choo, suß putscha ma=n überal mid bm Grind
aa. 'S cha sy! Mieraa¹ mag's aber sy wia's well; i bin
asa z'alta, um mi la hobla z'lah; va miar gebi's im besta
Fall nu grob Schaita. Au bia hann i grimmig uf br Mugg,
wa bs Land uus puustend² und paachtend³, ma waiß nid für
was, wa br hinderist gazellt Tag im Jahr⁴ muderend⁵ und
a Lätsch machend⁶, daß siba Henna=n und a Hanna Platz
hettend, um druf z'säblä. Pfutr Gugger y⁷, näbät Söttna
wurt es mr wind und weh! Liabr nu as leews Chruud⁸ zar
Chost, liabr nu a schleewa⁹ Most und Äpirra=n in ba Schel=
ferta¹⁰ za=n alla=n Urwärhi¹¹, as Derra=n um ais um hah
z'müeßa, bia mid Gott und br Wäld im Wibrsätz¹² sind und
br Friba nid wend, bia über Alls z'nüpfa¹³ wüssend, aimi
Alls bösch usleggend, bia a hinderschlichtigs¹⁴, abgsaimts Wäsä
ana hend und us barrer Tüfelhaftegi¹⁵ aim nid verstah chönnd."

„So söttend äbä=n All sy wia bu, as gebi denn gwüß
nid sövl Chlekta¹⁶, minder Bschiß¹⁷, wenager Haaggerija=n¹⁸
und Mißtrua!" — b'Mamma said's, und är gib era druf ab
mid br Hand as lyses Tätschli¹⁹ uf as Bäggli, zam Zaiha,

---

¹ meinetwegen ² saures Wesen zur Schau tragen ³ anhaltend übler Laune
sein ⁴ alltäglich ⁵ unfreundlich sein ⁶ das Maul hängen lassen ⁷ Pfui Teufel
⁸ lauwarmes Kraut ⁹ schlecht ¹⁰ Erdbirnen (Kartoffeln) in der Schale
¹¹ Strapatzen ¹² Streit ¹³ sich spöttisch auslassen ¹⁴ verschlagen ¹⁵ Bosheit
¹⁶ Klagen ¹⁷ Betrug ¹⁸ unehrliches Handeln ¹⁹ leichter Schlag.

daß, wenn's hüt zwüschet na=n au as bitschi a Charstata [1] ggeh
hed, schy doch im Wahra des aina [2] sind und ananbera grusig
gärä hend.

„Ei ja, was i ha wella sägä und gsaid hah, ob Chlevi
bald chemmi va br Gsähäti [3], an bia sch' as Statthaltergotta=n [4]
in bs Doorf yglaba worba=n ist?"

„Vorzua [5] muaß i in ba Stall, um das erst Mehli [6] z'fräffä
z'geh. Uf'm Zuaställi [7] hett i noch as paar Schooßata=n [8] Etz=
laub [9]; das will i hinnicht [10] noch aherneh und 's under bs Häu
mischgla; is im Wäbl [11] und nib im Nüü [12] grächät worba,
sa fräffä mer's b'Chüa schoo unberananbera, sälb hann i kai
Chummer; immerhy wer doch sovyl ersparrt. Ättäs ist albig
besser as Nüd! — Grimmig rächt wer's mr, sa gschwind as
mügli z'Nacht z'überchoo, alpot muaß i gaina [13] und im
Maga tuab's mr aswia chrumsla [14]. Wil b'aber Niemat zam
Gooma [15] heft, würd, schetzi, schwerli sa gschwind ättäs drus."

„Säg mer, wa ist au aigentli ünsches Gabüeb [16] hy?"

„Nahm Z'marendäffä [17] hend sch' in br Zuachammara=n
ummerggaaget [18], wil's na verbußna [19] z'laib gsi sy würd; uma
Zwaji ummer hann i Beeb gseh wia b'Windspyler dür ba
Stallhof hy und här suba [20], sitr aber sind sch' mer ganz ab
ba=n Auga choo."

„Düüra in bs Nachbbuura Huus, za Schalläbisch [21],
sind'sch. Fribli heb mer fürggeh, är well börta=n uf bs Stella [22]
hy a Stäckä beja [23] und Toni hed gmaint, er möchti mid
Zippi [24], schym Gammarab, bi nüagmachat Gigampfi [25] probiera,
mi ma Nünimaala [26] olb au suß ättäs ummergöhla [27]. Ds
Bibli [28] hann i nahm Abwäschä=n in bs Bett tah, daß 'r
b'Ercheltig usschwitzi. Är ist gruusig matterteng [29] as paar

[1] Auftritt, Streit [2] einig [3] Taufschmaus [4] stellvertretende Patin [5] bald
[6] Mahl, Futtergabe [7] Nebenstall [8] Schürzen voll [9] Obstlaub zum Füttern
[10] diesen Abend [11] Mondwechsel [12] Neumond [13] gähnen [14] kräuseln [15] War=
tung [16] Buben [17] Mittagessen [18] herumlungern [19] draußen im Freien
[20] springen [21] Schalläbens, Name [22] Wechsel des Standortes [23] bähen, über
dem Feuer die entrindeten Teile des Steckens bräunen [24] Ziprian [25] Schaukel
[26] Spiel [27] mit Kinderspiel die Zeit vertreiben [28] David [29] niedergeschlagen.

Mal um mi um küenzlet[1] und heb gklagt, as tüe ma=n im Hals aswia chroscha[2] und an da Hend tüe's ua rächt marfsa[3]. We's nu nid ättä mi ma böscherat! J bi no nid sa lang uuf gsi ga luaga, hanna=n aber schlafenba=n atroffa. — Chlevi[4] chann ehzytsch da sy! Gang du nu in da Stall und versumm bi nid wägä myna; hest blöb, sa nümm as Bröchli Fäuläpitta[5] ab'm floßa[6] Täller us dr Chuchischgassa; lingger Hand dervaa, näbät bm Grauba[7]-Gschyrli wer noch as Hoorrüggli[8], wenn d'zam Gnaga[9] noch guat Zyt hettist. Os Nacht ist hinnicht dr Hand nah gricht. J ha nu uufzwerma Hasasuppa mid Plainz[10] und aswiavyl[11] vam Ärbsätünggi[12], wa mer z'Marend nid uufgschnabiliert hend. De wer au noch as Überblibli vam gestrga Ggumpischchruud[13]. Du maist fryli, i söll dr mid derra Gschlüber[14] nünima=n uf ba Tisch choo, wil's bi albig z'gorpsa[15] machi, aber bs Gkochata chann i gruüß au nid z'Schanba[16] la gah; in ba Schwyaimer mi ma[17], wer nid nu schab, as wer au sünd[18]. Daß Chlevi va dr Taufata=n ättä nid mid leerer Hand haichunnd, chönnti no fhand[19] sy!...."

„Wemm ma vam Schelm redt, sa chunnd'r", said as Brättäger-Sprüchwort. D'Mamma heb no nid usgredt gha, richtig, da cham Chlevi bim Gartaggätterli härä, b'Hustüür, as bitschi a bhebti[20], ritschgat[21], und, gschwind wia as Wätter= laich[22], staib bs Maitli handchehrum mid ama „Gottgrüezi Allizemma" in br Stuba. Om Uusseh nah muascha schi er= hitzgat gha hah, denn br Schwaiß tätschät[23] übr scha=n y, bs Gsichtli glüet und heb b'Farb va ma Rotsurer[24].

In br aina Hand hebt sch a Maja va mächtig bicka gschprublata Nägäli und Vyali[25], bär wundersamm guat

---

[1] sich lästig aufdrängen [2] rasseln [3] vor Kälte starren [4] Kleopha [5] gelber, süßlicher Bodensatz der Einsiebebutter [6] flach [7] Rinds- oder Schweinefett= Restchen [8] Teil des Rückgrates [9] Abnagen [10] Hasenknollen aus Maismehl [11] einige [12] enthülst gekochte Erbsen [13] Eingemachtes grünes Mangoldkraut [14] schlüpfriges Zeug [15] aufstoßen [16] zu Grunde [17] mit ihm, bamit [18] sündhaft [19] leicht [20] gezwängt [21] kreischen [22] Blitz [23] fallen [24] Apfelart [25] gesprenkelte Nelken und Veilchen (Stiefmütterchen=Viola tricolor).

gſchmeckt[1] heb, in br anbara traib ſch' as Täſchi, ygſtunggat
volla[2] va=n aswellna Sacha.

Chlevi, a reſalnuti, ſcharmanti und ziari Töchter, bs Land
uus und y br hübſta=n aini, mib ama Gſichtli va rächter
Faißti und nib atgeſt[3] bür Gmollati[4], iſt br Mamma Chind;
gottsuuf und gottsäbä[5] heb ſch' berra=n irr Schwüng[6] und
fygſpunna Bilbig, bi glych Luagi und bi glyha=n Augbrawa,
bs glych Juaber[7] glitzerlend ſchwarz Zöpf, — Ggraaggaſäbärä[8]
chönntend nib dünkler ſy —, das glych chlai Müüli mib ba
hälſäbaiwyßa[9] Zend, das albig lächlät und, ma mag luaga
wemm ma will, ſchi püſchelät[10], as ob's Chüſcheni[11] ustaila
wetti; bi glyha Tümpfleni[12] im Chimpai[13] und in ba Päggli,
überhopt as iſt bas usgſtöchniſt Kuntrfeet[14] br Mamma, —
as barrs Urſchali. Und wia gmai[15] und aiſach iſch in irr
Bhäßig[16]! Gär nib weech[17] und nib uufbüzlet, wia's ättä
hy und wiber bi lebaga Töchtara fürchunnb. Va gkauftem
Gſläuder[18], va karjoſa Schnürpf und Zürpf[19], va Nüüſcha-
kamebena und ättäs bſunberga Bbandalieraga[20] iſt an irra
wäber lütſchel noch vyl z'gſeh gſi.

A gglatta=n aiſacha Rock va zwaiträttägem[21] Puurazüg,
ba'ſch ſährä=n im Farbhaſa=n uſm Oſa ſälber gfärbt, bernah
ſälber gſpunna=n und grwoba hend, a wyßes Schöößli und as
ſybis Nehtli[22] am Hals, under bemm br Mamma=n irr gulbis
Chöttali fürherglitzerlat, machend irr ganza Sunntigſtaab uus.

„Sälber gſpunna, ſälber gmacht, iſt bi hübſchiſt Puuratracht!"
heb ma=n au uf ſchy awenta chönna.

Wa Chlevi ſchi afa=n as bitſchi erſchnuufat gha heb,
machat ſch' bs Täſchi offa; as nöhſſerat[23] ſcha und bua ſaib
ſch': „Gſiehnb'r, as heb mi gwermat, wenn i au nib ypanſchet[24]

---

[1] riechen [2] gebrängt voll [3] verunſtaltet [4] ſchwammiges Fett [5] ganz genau
[6] Bewegungen [7] Labung, Maſſe [8] Rabenfedern [9] weiß wie Elfenbein [10] ſich
zuſammenziehn [11] Küßchen [12] Grübchen [13] Kinn [14] Ebenbild [15] beſcheiden
[16] Kleidung [17] aufgebonnert [18] Geſlitter [19] Verunſtaltungen [20] Bänderzeug
[21] ſelbſtgewobener, ganz ober halb wollener Stoff [22] kleines Halstuch [23] zum
Lachen gereizt werden [24] ſtark eingehüllt, eingemummt.

bi; ſtantipee¹ chumm i us'm Doorf und uszoga² bin i ſchoo, as ob i gſtolla gha hetti. Send, da hend'r für da Ggluſt au no ättäs va dr Gſähäti=Bruſchga³: a chächä Broch Gunter= ſcherbock⁴, a wackari Schmirra⁵ Jagaſchipitta⁶, a ferma Stuck Murbiturta⁷ und aswiavyl Chräpfli⁸."

"Wia heß au gha, mys Chlevi?" wünderlat d'Mamma. "Gwüßer wia d'Vögel im Hampſſaama, ol ni?" "Chaſt denka! ſälb main i! Mr hend grab water Luſi⁹ gha und a Tail hend asia gküttarat¹⁰ und Bräſch abglah¹¹ as wia närſch, daß i mi rächt gſchemmt ha.

Dr Heer¹² heb an as anders Tauſimahl mueßa; wer'r bi=n ünſch gſi, ſa hetta ma ſchoo nid ſo über alli Pſacht¹³ uus allegera¹⁴ ſy törfa. Ohni Schoo¹⁵ iſt uusträgä worba und dr ganz gſchlaga liab Nahmittatag heb ma=n in aim Tromm ychoorba¹⁶ mueßa, daß ma=n as Büüchli überchoo heb ſilla=n aswia a Trumma. D'Mannsbilder hend wohlhaft¹⁷ in ds Glesli gluagat und i ſchetza, daß as paar Gwaart¹⁸ Vältliner gganga ſind. Gvatter Dichtli¹⁹ iſt alpot mib ara=n utonderlaha²⁰ Gwaartchannla hinder aim bür und här gſchärmiziert²¹ und ſa dick²² as Ais butzuus gmachat²³ gha heb, ſa heb'r dr Gongga²⁴ mib dm ufgſtützta Jälläli²⁵ über ds Glas ygheht, an aim gnöht und gſaid: "Äbävolla²⁶ muaß ſy! lahnd's nid am Sparra; i han no meh bunna=n in dr wyta Büüchla²⁷ under'm Tablat²⁸!" Aina va=n aswaa derbüruußer heb afa grab boba gnua überchoo²⁹. In dr Erſti, wa 'r noch ohni Tusl gſi=n iſt, heb'r albig ättäs Schgüüsana gſerggat³⁰ und Jücht mib aim gha³¹; my Läbätag iſt mr Söllis no nia z'Ohra choo!

¹ ſtante pede, ſtehenden Fußes ² gelaufen ³ Überreſte vom Tauffſchmaus ⁴ ſüße Platte mit Ei und Butter ⁵ Stück ⁶ eine Gugelhopfart ⁷ Zuckerteig= Torte ⁸ Gebackene Schnitten aus Spaniſchbrobteig ⁹ Luſtbarkeit ¹⁰ lautlachen ¹¹ Gelächter aufſchlagen ¹² Pfarrer ¹³ Maß, Gebühr ¹⁴ aufgeräumt ¹⁵ ohne Maß und Berechnung ¹⁶ den Mund voll ſtopfen ¹⁷ ziemlich ſtark ¹⁸ Quart = 2 Maß ¹⁹ Benedikt ²⁰ ungeheuer ²¹ ruhelos umhergehen ²² oft ²³ vollends leeren ²⁴ Schnabel des Gefäßes ²⁵ kleine Klappe ²⁶ bis zum Rand voll ²⁷ Gefäß, hier Weinlegel ²⁸ Kellertiſch ²⁹ des Guten zu viel getan ³⁰ ſcherz= hafte Einfälle zum Beſten geben ³¹ Späße treiben.

J wetti nu, Jier hettend schy bi böschärtägä Schelmanäugleni, dia albig ummerbblinzget hend, gseh, schys Muul, das wia a Mülli ganga=n ist, ghört: luagend, as wer ni schwerli besser gganga as miar und Anderna, bia, hajen sch' wella=n ober nib, härzhaft Nöll[1] und denn und wenn mächtig Schnüüz[2] ablah hend mueßa.

Gägä=n Abet simm ma b'Flausa doch as bitschi verganga und mib schym Fitzla=n[3] und Usschenzla[4] heb's numma rächt fürwärt wella, wil'r gwüßer numma bi chlarem Verstand gii sy würd. „Mag's mi bborren[5], wenn i noch a Schluck nummä!" heb'r am Bhüeta zuahi[6] za Dichtli gsaid, bär druf und braa gsi=n ist, ma noch a Stotza=n[7] uufztätschä. „Dr Giger heb ggiget: gnuag ist gnuag!" J muaß mi haimacha, suß gib's bim Torti Chrieg und Häutüri[8]! Sy's Gott gädanket, gäpfysset und gätrummet!" —

Daß y sälber kais Fenali[9] haiserggi, han i grimmig Ob= acht ggeh und han nu munzig klaini Süpfleni[10] gnuh, aswia as Vögeli. Wenn i zwai Gleser volla trunka ha, sa ist Alls bynenandera, meh amal gwüß nib. A heersewagi[11] Lengi hamm mi la nöhta, bi Bruschga minner z'roba, aber die Gvattara Tschina[12] heb fürchtig tah und br tuusig Gottswilla=n aghalta, scha nib z'balaibega dür my Aigalahi[13] und Exagtitet und heb gsaid: „Mach mr nib berra verzwyflata Tempa[14] und Spargamenter[15]! Sött Pflenz[16] laß mr bbitti la sy, du waist, daß i's nib an= berist tua und nib anderist hah will!"

„Als ist, i muaß es sägä, rächt schammli[17], so miar nüb biar nüb a sötta Chram z'haimscha, aber a Gottsnamma, wescha's nib anderist lah und 'sch bi berzua überdankat[18] heb, sa sy's für basmal!" maint b'Mamma. „Bbätiltäs will i aber nüb und tua's speterhy ättä=n aswia mib na rächt macha[19]. Ds

---

[1] Gelächter [2] unterbrücktes, hervorbrechendes Gelächter [3] witzeln [4] bos= haft necken [5] in den Grund bohren, Beteuerung [6] beim Abschiednehmen [7] ½ Maß [8] böse Tage [9] Räuschchen [10] Schlückchen [11] gar lange [12] Christine [13] Skrupulosität [14] Sonderbarkeiten [15] Flausen [16] Umstände [17] beschämend [18] überreden [19] ausgleichen.

Aifachſt und bs Veſta würd woll ſy, i wigli in da Guatjahr=
rock[1] a Chrüüztaller[2], ſa heb's br Glanz[3]!

Säg, Chlevi, ſind vyl Lüüt z'Chilcha gſi? Bärger würd's
grvüßer nid ſa vyl gha hah, bia ſind jetza=n im Langſiwärch[4]
binna und für ba wyt Wäg z'fuul und z'müeb."

"Ja, Mamma, as arſchröckelis Volchwärch[5] heb's hüt
gha, — bi Voor[6] und unanŋ alls platzatgſtotza volla. Dr
Heer muaß hüt reſaluut und wacker aherkapitlat hah; ſo heb's
niſch im Vorzaiha[7] dbunkt, wa mr bis zam Amaſägä mid bm
Chind baita[8] heud müeßa. Denk afo, nu Füüſi ſind hüt tauft
choo!! Wil y i mym Läbä hüt zerſt mal gſtanda[9] bi, hamm mi
bi ma ſötta gruuſaga Gvölch übernatürli gſchiniert und hann
hofeli b'Auga lüpfa törfa. Di Bai ſimm mer gganga=n aswia
a Ggatter, und ainiſt in anberiſt bin i chräbsroti worba —
erger as ama Brätälä=n=Ofa zuahi!"

"Nümmt mi gär nid Wunder bi dyr Schammegi[10]! Und
ſuß heſt nüb Nüüſch meh?"

"Nüüs? — Ja bim tuuſig! — bi gröſt Nüigkeit hann
i no fiſſa vergäßä!

D'Farb=Zusla[11] iſt in br Frytig=Nacht gſtorba=n und
allgmai haißt's, as ſy era gruuſig wohl gganga, denn va Z'rächt=
choo wer kai Reeb meh gſi. Wär amal bs Miſereeli[12] hai,
ſy gliſerat[13] uf Gältä."

"Ja woll bi Zuſanna gſtorba!" machat b'Mamma, wil
ſch' mid bm Schooßzipfel bi Treena=n abbutzet, bia wia Bach
chommend; "bi ma ſötta=n Aliga muaß ma=n aber bm liaba
Gott danka für d'Uflöſig. Guat, wär ruaba cha! Dr Heer
mög ara gnebig und barmhärzig ſy und byſtah ba=n arma
Waisleni! Ob ſch' a lychta Tod gha hai, heſt nüb ghört?"

---

[1] Neujahrs=Patengeſchenk   [2] Kreuz= oder Kronenthaler = Fr. 5. 67
[3] ſo iſt die Sache abgetan   [4] Frühlingsarbeiten   [5] Volksmenge   [6] Emporkirche
[7] Vorbau am Eingang der Kirche   [8] warten   [9] zu Gevatter geſtanden
[10] Schüchternheit   [11] Suſanna   [12] Miſerere, Magenſchluß   [13] verloren, un=
rettbar.

„Glitta mua sch' nümma starch hah; schi sy jieverzua uus= gschwachat. Am halbi Zwölfi hai sch' noch gfreegat: „Wia spaai is?" und bruuf ab gmaint: „Danehsta tarf i haigah!" — Im a Wyli bernah machi sch' as lächerigs Minali, und luagi uf irr Christa und b'Chind, bia näbät dm Bett grähggät hajend, as ob sch' noch bi Allna bbhüeta wetti. Nib as Vatterunser wera ma z'bättä choo, sa hai sch' a Süfzer und as paar Schnüpfleni[1] tah und bua sy sch' verschaiba, — usglöscht aswia as Liachtli. D'Mülli=Anna, my Näbätgotta, haj era nächtig ga wacha müeßa und sy bbliba bis nah ba Viera. Wia sch' mr aggeh hed, ist br Wächter um Zwölfi für ds Huus choo, um mib weh= müeter Stimm ds brüühig[2] Totaliab z'singa:

Was ist ds Läbä? — nu a Tampf, Guati Nacht, jier türa Frünb,
Dick as arems Särbä! Alli myni Liaba!
Au y ha bür böscha Champf Schryt nib so, verwaisti Chind;
Müeßa gah zam Stärbä; Sötti's ü batrüeba,
Nu bür myns Erlöfersch Bluab Wenn, erlöäst va Noob und Py,
Hann i's überwunda; I an Engel wärdä,
Hann my Chroo, bia glenza tuab, Där as guata Gaist will sy
Bi mym Vatter funba! Bi ba Chind uf Ärbä?

„Schau ma benn! wia chunnft bu za bemm Troostliab, das i bis zuaher no nia in derr Wysch und Form ghört ha? Das muaß grab as nüüs sy, sa vyl as i merka mag."

„Ja, Mamma, as nüüs sy's, ift mr gsaib choo. D'Anna hed mr's zwai Maal fürgsaid, bua hann i's chönna=n as wia gsunga[3].

Nahm Singa hajent sch' br Wächter in ds Huus ybschickt, um ma, wia's albig br Bruuch sy, ättäs z'Äffä und z'Trinka fürzstella. Ds eltst Chind, gär as waichhärzigs und as gruufig ahenglis Mammapoppi, muaß tua hah as wia lätz; albig sys uf'm Ofastägli ghockat, hai bi ganza Lengana br Mamma grüest, albig b'Auga griblet und gschnupfet. Bhüetisch y, derra=n arma Chind tüenb aim grab z'tob erbarma!"

---

[1] schwache Athemzüge [2] gebräuchlich, üblich [3] ohne Mühe.

„Ja, ja, heſt rächt, myß Chlevi, ma müeßti kaiß Härz hah, wemm ma bi ma ſötta=n Elend glichgältig blybti. — Uf dr Wäld hed Allß ſchy Zyt: Sunnaſchy tuad mid Rägä=n ab=rooba. Fräud und Chlag gahnd hert näbätanandara; dß Läbän iſt im wahra Grund nu a Chrüüzſchual, in derra bi Gabultegſta=n am wyteſta chommend. Di Trüebſal iſt dr Schmelzofa, in demm dß Gold vam Uſubera glüüterat würd! — J tuuſig y! luag an b'Uhr, wia mr niſch verredt hend!....
Gang waidli, waidli, myß Chlevi, und züüch dß Sunntig=hääß ab, wil b' ja nu zwai aleggendi[1] Hääßleni[2] heſt, — aiß für ba Sunntig und für ba Wärtig aiß. Dß Chöttali kaalt[3] näbät dß Schmeckbügſchi[4] in dß Goffarakäältli[5]; b'Wucha dür tüend'ß bi Karnata=n[6] au, wenn b', wia b' ſaiſt, ältäß am bloßa Halß hah muaſt. Gang dr Hand nah in b'Chuchi ga Tua[7]; Chieſpißleni[8] und aßwiavyl Spryßleni[9] va ma zerſpäcklätä[10] Bachſchyt[11] findſt zam Aaſüüra=n unany bim Chachlagſtell. Toni ſöll dr an Arſlata[12] Holz, aber nu vam chlipperbürra[13], wa under dr Stallſtägä binna=n iſt, yherträgä. Aß ſchüebi nüb, wenn b' aß Glenzli ·yſüüretiſt[14]; rächt gkaltat heb'ß und chönnti'ß ſuß biß am Morgat a Hundßgööra=n[15] abgeh. Tummla bi; i hetti'ß gärä, wenn b' ruckli vorwärt müechiſt und gly fertig chiemtiſt! Heſt gſeh, dr Ätti iſt vorhi aſa=n in ba Stall nuß und würd gwüßer widerum aß Sprüngli yherchoo, um Ättäß z'neh, wil'r ſchi gruuſig dr Blödi gklagt heb. Miar würd nüd anderß übrig bliba, aß mym liaba Chläblüüſchi[16], dm tuuſaga Gwürrli und Fägnäſtli[17], noch amal z'Suuga z'geh. Hüt heb'ß kai Boba=n y und lütſchel fehlt, daß i angſta muaß, aß chönnti dr Ettig[18] hah. Di grööſt Schwetti[19] Milch bſchüüßt nüb, und wenn'ß ſo fortgaib, daß 'r all entig Auga=blick[20] häuſcha tuad, ſa hann i nümma gnuag Milch und y

---

[1] anzuziehende [2] Kleider [3] verſorgen [4] Riechbüchßchen [5] Kofferſach [6] Granaten (Schmuck) [7] an die Arbeit gehen [8] Kienſpähnchen [9] Splitterchen [10] zerſplittert [11] gröſsere Scheiter (für den Bachofen) [12] Arm voll [13] Klingelbürr [14] kleines Feuer im Ofen anmachen [15] eiskaltes Gemach [16] Klebläuschen (Koſename) [17] zappliger Kleiner [18] Heißhunger, krankhaft [19] Quantum [20] immerwährend.

rischgiera bs lengwylig Buasaweh¹ z'überchoo. Pawahr mi doch Gott für'm Usmuasa², i hetti Respekt brvoor! Schlück nümmt'r schoo, uzemmazellt wia as Chälbli, daß ma b'Milch in ba lätz, ol wia ma saib, in ba Sunntigschluck³ abchunnb und 'r bick schoo erchirrna⁴ heb mueßa. Bis ima goblat⁵ und 'r Huut und Bälg volla=n ist, lahb'r schi wäber gschwaigga noch yschlehpsa. Wunber nümmt mi nu, wa 'r au Als hy= tuab! An Asslähä=n⁶ is b'Nacht! Vylzyt ist 'r uruebaga⁷, zaschpet⁸ und wärhät⁹, bis 'r aswaa und aswia lebig kunnb. Lyb 'r ättä=n amal ganz verzwärrät¹⁰ ol murtsmuatternacket¹¹, wia na Gott erschaffa heb, sa lahb 'r Ggäuzleni¹² ab und waiß nib wia tua vor luuter Agah¹³. J waiß nib, wa bs karlents Buzzi¹⁴ bia Gattig härä heb, bi früera Chind sind alli vyl gschaafeter¹⁵ gsi und henb nib sövl z'tua ggeh.

„Witt na moora=n au baba?" freegat Chlevi, bi afa b'Falla va dr Stubatüür in dr Hand heb, um in b'Chuchi uuszgah.

„Sälb main i, aber in Chruubwasser! Fürnemm guat söll's sy für Friesl¹⁶, Büzla¹⁷ und für bs Schmirza, heb mr my Gschwya¹⁸ Stina, a Spezies vara Hebamm, aggeh. Dür bs letst Bab ist bs arem Dingli as bitschi argremmt¹⁹ worba; i fürchta nu, as wärbe nä=n uf Gältä=n atzecka²⁰, wenn 'r wia bs letst Mal arginza²¹ muaß; bas wer mer a verbahlascha Chehr²², sälb muaß i sägä!"

Dr Tischgurs würb underbrocha bür Dietäga, bär mib ara Batällä=n Obstrefter²³ in br aina und mib ama Täller in br andara Hand zar Tür yherchunnd, um Ättäs z'neh, wil 'r numma lenger baita mögi. Als Glessli und as bitschi Fleisch, bas aber, wia 'r gsehi, vyl Ggeeber²⁴ aahai, wärbe ma ba=n Appatyt für ba Z'Nacht schwerli verberpa.

---

¹ Brustleiden ² Kataplasmen ³ Luftröhre ⁴ husten ⁵ hörbar voll ⁶ ärgerlich ⁷ unruhig ⁸ zappeln ⁹ arbeiten ¹⁰ quer ¹¹ splitternackt ¹² kleine Freudenschreie ¹³ Beginnen, Benehmen ¹⁴ Kleiner, Kosewort ¹⁵ gebulbig ¹⁶ Ausschlag ¹⁷ Säuren, Hautunreinigkeiten ¹⁸ Schwägerin ¹⁹ abgeneigt ²⁰ Widerwillen fassen ²¹ aufschrecken ²² eine unangenehme Geschichte ²³ Obst= branntwein ²⁴ Knorpel.

„Bringt dr's, Urschali! möchtist nib au gärä=n as Schlückli zam Härzmacha¹?" dr Ätti saib's asa munggenba² und hebt ds Glesli dr Mamma füür.

„Gsâgeber's Gott! i will liaber nib, trink nu du! J han aswas Hungerburst³ und nümma liaber as Chachali Milch."

„J ha's nu guat gmaint, mys Fräuli! Was maist, witt nib liaber atwenna⁴, wenn bi dr Chlai so über alli Pfacht usmerglat? J fürchta nu, as chönnta'dr z'Maa wärbä=n⁵ uf d'Lengi; benk au, wia b' i Hosa werist⁶, wenn y im Wäsch=chruub bi un d' ättä=n in as Bett chiemist, wa noch sôvl Langsiwärch nib tah ist!"

„Va Säugga choo lah mi nib, sa lang as a Christa=müglikeit ist", saib d'Mamma. „Mib Söttagem sy mr bbitti stilla; i ghöra's suber nib gärä!

Us uufbublata⁷ und tschuttata⁸ Buaba gib's sältä, sältä chärähaft⁹ Menner. Lang uus gaib's da=n arma Göôf, — syen's Buaba ol syen's Maitla — nah, wenn sch' nib as Jahr und no meh am Tütti glägä sind. Wenn dr miserablig Bruuch, bi z'früe Atwennig, älengarimeh yrysa tuab, chann ma benn luaga, was baas für Regaruuta und Kundigentler¹⁰ abgib, — ättäs Geeggasli¹¹, armi Blüeter, chlaini Pföstleni¹², über=hopt Mennbli, i kaim Verglich za=n ünschna Vorsahra, da=n alta Pündtner, va benna in ba Historrana z'läsä=n ist, bia Närsä gha hajend wia va Stahel, Arma wia va=n Jsa, a Lyb wia a Ronna¹³ und Bai wia Zimmerbömmleni¹⁴. Vyl Wyber, — und brunder heb's no mengi tolli, wackari Flecka¹⁵ — bia hütigs Tagsch us luuter Abgschmeckti dm Chind bi best und göttli Nahrig atzühend, nu basch' nib us'm Hääß kyend, ol suß hübscher und rotprächter blibend, chönnb Sötts i myna=n Auga=n am jüngsta Tag nib verantworta. Heb aini as

---

¹ Herzstärkung ² gemächlich essend ³ unentschiedener Appetit ⁴ entwöhnen ⁵ zu stark angreifen ⁶ in Verlegenheit ⁷ mit Flaschen gesäugt ⁸ wie mutterlose Schäfchen genährt ⁹ kernhaft ¹⁰ Rekruten und Auszüger ¹¹ Schwächlinge ¹² Kurzgewachsene ¹³ schlanker Baum ¹⁴ Unbehauene runde Tannenstämme ¹⁵ bralles Weib.

Flüheli[1] Liabi, Gfühl und Ehr, fa tuad fch' Söllis nib. Zu
was anderm as zum Säugga heb br Härrgott dia Yrichtig
troffa, — falb möcht i wüßa! Ds Chünftlaha=n ift nia was
ds Natürlaha; wemm ma br Natur nib folgat und gfchyber fn
will as fchy, fa würb's aim gwüß in asweller Art ytrenkt,
daß ma gnuag überchunnb.

Anderi Wybavölher, dia, wil na b'Milch brift, nib Säugga
chönnb, find vylmal gwüß au fälber b'Schuld, wil fch' z'Tagfch
bri bis viermal b'Husorgala tribend[2], und in aim fort derra
karlentaga Zaggorjabrüe[3] ylappend, ftatt bafchi fchi an a guati
Mählfuppa ol fuß an a Spyß hüeltend, wa Milch und Bluad
macha teti.

Ättäs Anders is fryli, wenn Chrankata ds Säugga nib
erlaupend, ba wer's lätz agwendt und gebi nu wüeft Gfchichtana.
Ds Befta=n ift au da: „Als nah ba=n Umftend!"

D'Mamma hetti villicht in irr Yfer no wyter grebt, wer
fch' nib gftört worba bür ds Ernüüßa vam Chlaina, bär, bm
Vifchpara[4] und ba füechta=n Auga nah, noch aswas hah muaß,
— b'Mamma waiß fchoo was! „Hälf br br liab Gott in
ds Himmeli uuf!" faid fch'; „i muaß boch luaga, was b'
widerum agftellt heft! Richtig, ba hemm mer's! Dietäga, vor
b' gaift, büüt mer, bbitti, noch a Windla und br gftryfet Blätz
ab'm Ofaftengli! Nai fy, luagend afo, a ganzi Schwetti heb'r
widerum gmachat; waa föll i au föul trocha Hubera häräneh?
Ja, ja, du heft mr br Wyl „Äli, Äli" z'macha, du laiba
Tribilieri, du tunfigs Hatfchipeeggi[5]; du ftellft dys Mammi
ruuch y[6], aber gält, i han bi notta gärä!" —

II.

Mentig morgat gär früe is, zar Zyt, wa Wächter Vid
z'Schierfch binna ds Doorf uus und y und uuf und ab trampat,
um afa fchlaffturmafcha mib fchyr lyrenba Stimm br Tag
z'verchünta:

---

[1] Fünklein [2] die Kaffeemühle treiben [3] Cichorienbrühe [4] lebhaft bewegen
[5] Schmutzpeterchen [6] auf harte Probe ftellen.

„Stahnd uf im Namma Jesu Chrift,
Der hälle Tag vorhanda=n ift,
Der hälle Tag, bär nia erlag,
Gott gäb ünfch Alla=n an guata Tag!"

Um bifälb Zyt verrob fchi Dietäga, — nib baß 'r ättä br Meßmer hetti ghöra möga, aber är heb fuß a hopt lychta [1] Schlaf und bim erfta Eglingg vam Tagalüüta heb'r fchi fchoo aboor gmachat gha [2]. Wil er fchy Pölli [3] zam Chammarapfenfter usftreckt, gfiab'r, dafchi bi Brennta glüpft heb und baß bs Wätter an befferi Gattig hah chönnti. „Hann i's notta bbenkt, as chemmi anberift!" brummlet 'r, „über bs Wäblä=n ab tuab fchi gärä=n enbara!" Unber fchym Huus büra gaib a Nyfa [4] und wa 'r berbüür ab luagat, maint'r ättäs glitzerla z'gfeh. „J tuufig farmentfchent, wenn bas nu nib Nyffa=n [5] ift. We's nu bm hübfcha Schutz [6] Gras und bm Obs, wia ättä: ba Chriefi, Hüngala [7], Wygüetla [8], Näfchplä=n und ba Tfchipärli [9] nüb tah heb!" chranglet [10] 'r, wil 'r bs Stallliachtli araifat und in b'Holtfcha [11] fchlüüft, um in ba Stall büra z'chnofchpla [12]. So fchi bs Wätter fo prächtig butza tuab, atfchlüüßt er fchi, um ba Mittatag um z'Stella, und muaß er fchi gär wacker berzuahah, bs Allernötagfta fürenanbara z'richta und ättas Zügfch zemmazläfä, baß 'r im Wäfchchruub nib ättä bi bemm olb bi bifchem mangelbara wärbi [13] und in Perfekt choo [14] chönnti. Uf all Fäll muaß 'r aswiavyl grobs und chlaiheers Wärchzüg mimaroba, fo amal: br Gertel, bi Braitär, b'Jfawegga, as paar Nägwer [15], br Zapy, b'Wafferbarta, bi Tangelbiffa [16], br Chöttihammer [17], as Püfcheli Brättnegel und ättäs Struufa [18]." Im Majafäßftall baitat ma=n a wackeri Nünfti [19], denn bs Holz ift ermuffat [20], ftückwyfch ift gär noch br Magara [21] bry=

---
[1] fehr leicht [2] fich aufgerichtet [3] Kopf [4] Rain [5] Reif [6] erfter Trieb [7] Honigbirne [8] Weinbirnen [9] Eyper=Pfläumchen [10] jammern [11] Holzfchuhe [12] fchwerfällig gehn [13] auskommen [14] in Verlegenheit geraten [15] Bohrer [16] Dengel=Keil [17] Eifenhammer [18] Schrauben [19] Aufräumung [20] erftickt [21] bas Morfchwerben.

— 30 —

choo. Us demm Grund blybt nüd anders übrig, as da Stall frisch z'fassa¹, an Arbet, dia fährä² gscheh hetti sölla, hüür aber sy muaß und daas nid Loch im Boda³. D'Uornig ist für Dietäga=n as rächts Gäbäli⁴; ist amal aswas irra Mallura⁵, sa ist 'r niana braa⁶ und ruabet nid, bis 'r widerum Alls in Egi⁷ z'bringa chunnd......

Bim Z'Morgetässä, waa 's ara mächtägä Chachleta Türggaribl⁸, — olb ama „Malums", wia b'Füürschlösser⁹ saitend — nid fehla heb törfa, gib dr Ätti ama=n Zielaha bstimmti Kunzyna¹⁰, wa sch' z'tua hajend, wil är nid bahaimet sy.

„Amal bs Rüteli sy no graggär ufzsurra¹¹ und im Ächerli, in dr Wyti¹² dennat, sy noch as Zeenli¹³ nid fertig gfarstat. Abinga¹⁴ möcht er na, basch' nid z'vyl Härdt¹⁵ uf bs Fürhopt¹⁶ aherzüchtend und zam Gresli Soorg hebtend. Dr Hand nah müeßend b'Äpirra gsteckt wärbä, aber i rächter Wyti und nib z'engg wia fährä, wa 's im ganza=n Ächerli nu aswas uergiblis Gschmarägl und nübnutzegi Gagaleni¹⁷ ggeh hai, wil ima sötta Chrottachrösch¹⁸ b'Sunna un dr Luft nid rächt zuahi nrögend.

Girst¹⁹ wellen sch' hüür kaina, är sy ma=n erlaibat, wil ds Gvögel dragangi, bas so fräch sy, baß 's nib amal b'Acher= gschühi²⁰ meh respektieri; nu Voglfuater well er notta nid apflanza. Är trui, baß, wenn bs Wätter fürhy besser blibi as bis zuaher härä, sa sy dr Traib²¹ grab im Hui da und Alls trohli sa gschwind fürher, baß ma hofeli z'luaga chemmi. Di spehta Langsi, wa b'Frucht nid z'frue erinni²², syend suß nia di schlächtästä, schy Ätti hai's amal albig bhauptat."

„Ei ja, — vor's ättä vergässä würd, — säg mer, wia

---

¹ inwendig ausflicken ² voriges Jahr ³ unter allen Umständen ⁴ ganz zu= wider ⁵ in gänzlichem Zerfall ⁶ fühlt sich babei nicht wohl ⁷ in Ordnung, in's Gleichgewicht ⁸ in Butter geröstetes Maismehl ⁹ Bewohner der außer= halb der Kluß liegenden Gegend, vor bem Schlosse (Fragstein) ¹⁰ Auftrag ¹¹ auffurchen ¹² Fläche ¹³ ein Stück ¹⁴ empfehlen ¹⁵ Erbe ¹⁶ Vorhaupt: Stirn= stück ¹⁷ kleine unentwickelte Frucht ¹⁸ unentwirrbarer Knäuel ¹⁹ Gerste Vogelscheuche ²¹ Trieb ²² hervorsprießen.

— 31 —

wemm mer's hüür mid dm Schnäggastand[1] hah?" bs Urschali freegat Dietäga und bär maint bruuf:

"Wia b' witt! D'Arbet heſt du und berzua an grimmagi Umuaß[2]! D'Libora[3] hend fährä kai Zug gha, was au bs Greſtagalva[4]=Hanſi z'Seewis bennat arfahra hah muaß, demm, wia 'r mer am Grüſchermarcht gſaid hed, as paar Fäßli „Pfarra"[5] ligga bbliba ſyend, wil ſch' Niemat wella hai. An Arbet, bia ſilla nüd ytraid und bi derra ma hoſeli bs Bättlä verſummt[6], ſötta ma=n aigentli underwägä ſah, i ha 's amal derfür und du nid au?"

„Gaid mr wia biar", machat b'Mamma; „Chlevi würd aſoo froh ſy, wemmſch nümma derra Ggaua[7] verfüera muaß, wia's fährä gſi=n iſt, wa ſch' br Schnäggig z'liab bi ganza Taga=n im naſſa Gras und im Gſtüüb ummertravalja[8] hed müeßa. Ds Ghöß[9] va da Buaba iſt bür bi laid Arbet au ſchlächt gnuag awäckſchoo; menga Schranz[10] hed's derbürtwille meh z'pingga[11] ggeh und au mengi Muſcha[12], bia hoſeli uszbringa gſi ſind.

J möchti au grad noch wüßa, was er Eeſſigſch[13] mid ni in ds Wäſchchruud neh wend! as iſt mr wägem Zemmaläſa=n und Zuarüſta!" —

„Was wemm mer ſägä, mys Fräuli? — Ättä für a Gulbi Brod, aber bbitti nid gſchlages[14] und nid atſchupfts[15], liaber as bitſchi fluchs[16], — waiſt wägä myna Zend —; as Mäßli[17] zwai Türgg; aswiavyl Mähl, Nyß und Cheſtana[18]; anderhalbi Chrinna Haidamähl[19] za Haidatatſch, bär i varmaliſchiert gärä ha; as Sprähtli[20] Spezzi[21], Pfäffer und Nüügwürz, bi dernah ättäs z'bruuha; as paar Türrbirra für bi Biaſtturta[22], wenn br Grisl[23] au z'rächtä Züga[24] z'Chalbara

---

[1] Einfriedigung des Schneckenlagers (ein Wall Sägemehl) [2] Mühe [3] Schnecken im Ruhezuſtande [4] Ort bei Seewis [5] Schnecken mit Libern [6] rein nichts dabei verdienen [7] ſtarck beſchmuhter Unterteil des Rockes [8] ſich herumſchleppen [9] die Hoſen [10] Riß [11] flicken [12] arger Schmuhfleck [13] Speiſe [14] unausgebackenes [15] unausgegohren [16] locker [17] 1/4 Quartane, 1 Quartane Mehl = 8 Krinnen, eine Krinne = 48 Loth [18] Kaſtanien [19] Buchwaizenmehl [20] ein klein wenig [21] Gewürz [22] Torte aus Milch der gekalbten Kuh [23] Vieh von gleichmäßiger Farbenmiſchung [24] in Ordnung.

chunnb. Denn au! .... wenn i's z'sägä und z'stammla chemi, ... as trohlat mr albig im Muul ummer und sa lütschel as Gift und Tota chunnb's mr grab z'Sind! ..... aha! richtig, jetz hann i's: ättä=n an Bubl[1] Wurmmuat[2], wenn i in as Früra choo sötti. Um am Morgat bim Usstah ättäs z'Atnüechtara[3] z'hah, chönntist mr bi ordinär Guttara[4] aso bis zum Bbuck[5] uaher mid Jeninser=Wytrester fülla. Wil b' as guats Huuserli[6] bist, d'bi nia uslachoo laast und hy und wider ättäs im Hinberhüetli hest, chast nisch sutz noch mid Sölleham varseh, wa nisch ättä guat choo chönnti!

Dr Spitz wemm mer nid aalabacha[7]. D'Haltig[8] muatz rächt sy, söul würd's woll no lyba möga, — ist dr Wunder nid dry[9]! As teta mer noob, nisch us luuter Gyt nid rächt luaga z'wella. Wemm ma schi halba z'tob und z'chrumm und z'bbugglat wärhät, sa muatz ma b'Wurmlöcher mid chrepseger[10] Spys verschoppa[11] chönna, sutz hed dr Zabl[12] gly as End.

„Dr Sparrer findt dr Zerrer", haitzt's aswaa, und i gsechti niana, datz bi Überstrenga[13], wa albig am Arhanga[14] sind und schi für süüf Blutzger[15] l'an arstächä und uslahenka lietztend, an Traa wyter choo tetend as bia, wa bi Gnad hend, schi sälber und Anberna=n Ättäs gunna z'möga."

„Amal as paar Nehblig Faba und a Nabla müetzend 'r mid ni neh", maint b'Mamma. „Ehlevi, nümm vam Schneller[16], wa hinder'm Ofa=n ushangat, und tua asiwavyl us a Fadaseel[17] uswigla! Ma waitz ja nia, ob Där old Discha=n ättä=n in laiba Sträck[18] binna=n as Winkelmätz[19] in b'Hosa rupft, — as Missi, bi dem ma ds Hemptgizi[20] zaiha chönnti, was, wenn's aswär gsachti, au gär a verschmächti[21] Sach we. Sötta=n i b'Sillachnöpf[22] ättä=n abkya, sa tüe mr bi Lyb und

---

[1] 1/10 Matz [2] Wermut [3] zum Vorfrühstück [4] Flasche [5] Biegung [6] Hauswirtin [7] zum Schaden der Gesundheit sparen wollen [8] Unterhalt [9] Redensart [10] kräftig [11] sich tüchtig satt essen [12] die Kraft [13] die überaus Geizigen [14] immer unzufrieden [15] 2 Blutzger = 5 Cts. [16] tausendfädiger Garnstrang [17] das Innere des Knäuels [18] starke Anstrengung [19] arger Ritz [20] Hemdzipfel [21] unanständig [22] Silla = Hosenträger.

— 33 —

Läbä in bs Waihiband ¹ kai Löcher haua, um, wia's bs safferloftig ² Mannavolch bick zam Bruuch heb, b'Silla bür Holzrigali im Waihiband z'verfteeta ³. A sötti Plibarig ⁴ chönnt i nib für bakannt aneh; derra Sacha hann i uf'm Strich, wia dr Tüügger! Aswia wärbend 'r b'Löcher woll no z'verschnürpfa ⁵ choo; besser as bi Blözana ⁶ z'zaiha ist albig notta no: „Pingg uf Pingg und Patsch uf Patsch ⁷. —

Sa gnot ⁸ as i mag, will mi slyßa, Als, was 'r mib ni roba müeßend, zemmaz'ramisiera, um 's denn uf bs Nässli ufzbigna. Z'vyl Ufhügara ⁹ mag i nib, wägem Aherkna; was nib khand ufgaid, cham ma=n in as Ziaheli ¹⁰ nzwinga ¹¹ für Fribli zam an dr Agsla trägä.

..... Buab, ghörst! vergiß mr nib, Strehl und Verzärrer ¹² mib dr z'neh. Tua di all und ai entig ¹³ Morgat guat wäschä=n und verzärrä, sy kai Bschißlocher ¹⁴! Wäsch bi nib gletschchaltem Wasser utüseli ¹⁵ hinder da=n Ohra! fürnemm guat söll das sy für bs Zandweh, für b'Struuha ¹⁶ und nemmi aim bi Plühggi ¹⁷ in ba Wätterstrübana ¹⁸. Für bs Jnawindchoo ¹⁹ ist as Bröchli Astrenza, ima Sack by schi ummerzträgä, wäsäli ²⁰ guat. Uf b'Windpünteli ²¹ geb' i nib savyl, as ist meh Aberglauba derhinder. As Migali Jmpert ²² und as paar Loorbona müeßend 'r au no hah; bs Ersta=n ist guat für bs Maga= und bs Buuchweh, bs Zwaita, wemm ma scha=n in Bbranntawy schabat, egichtra bianli für bi Grimma ²³. Luagend, daß 'r aswaa an Allermannhaarnischwurza=n ²⁴ ufzgabla chommend; für bs Haua=n ²⁵ und bs Bluadstella gib's nüb besserch, bsunderhaitli denn, wemm ma scha=n im Maja und z'Nacht am Zwölfi z'graba chuund. Wenn er grab guati dr Wyl hend,

¹ Weichenband der Hose ² von Sakerment ³ befestigen ⁴ Unordnung in Kleidern ⁵ oberflächlich zusammennähen ⁶ Blößen ⁷ Flick auf Flick und Lappen auf Lappen ⁸ schnell ⁹ leicht übereinander legen ¹⁰ fl. Pfulwenanzug ¹¹ einwickeln ¹² reiner und grober Haarkamm ¹³ jeden ¹⁴ unsauberer Mensch ¹⁵ tüchtig ¹⁶ Schnupfen ¹⁷ Empfindlichkeit ¹⁸ Rauhe Witterungsperioden ¹⁹ Erkältung ²⁰ vorzüglich ²¹ Sympathiemittel ²² Jngwer ²³ Kolik ²⁴ Gemeine Siegwurz, Gladiolus comm. ²⁵ Schnittwunde.

ſa läſend an Tſchuppa Ggaufata¹ Zipria² zemma. Z'Seewis
bennat hend ſch', wia mer la ſägä ha, a gruuſaga Glauba
an ba Maſſiggathee³ und mainend Byl, für bs Uszerra ſy er
bs Beſta va⸗n Allem; ganz friſchi Lungga überchemma-ma
va⸗ma. . . . .
  Laß br's ſägä⸗n und glaib ſy, my guata Fridli, gang
bm Ätti rächt an b'Hand, und tua bim Hüeta guat zam Behli
ſoorga. Nümm bs Fragabuach⁴ und Hübnerſch bibliſchi Hiſtorri,
wa bi gottſelaga Gabanka bry ſind, mib br, daß b'zwüſchety
ätläs läjä chaſt und nib Alls vergäſſä tuaſt; waiſt, du biſt
hüür Zualoſer⁵ gſi und muaſt zar nechſta⸗n Oſtara za bs
Herra Tiſch gah Denk aſo, wia ehrahaft is für as Chind,
das im Unberricht ſchi nid albig verſchnäpfä tuab, nid Bock
über Bock bagaib, berfüür aber, was ma ma⸗n ufgib, häräjägä
chan as wia gſchnätzät⁶, äbä ſa guat as bs Batterunſer!
Wenn-er us'm Majaſäß zrugg ſind, will i bi bhöora in bemm,
was b'glärnät heſt; la ſenna⁷, my Buab, awiata Fürruck⁸
bis baar b' z'macha chunnſt!
  Je nahdemm tuau br as hübs Bruſttuach⁹ in b'Machig,
— in br Gſchwindi, nid ättä z'Maja⸗n Oſtara¹⁰, wia ma ba
Chind fürgib — und denn ſchenka der au noch as hübs
golbats¹¹ Halstuach, wa i vam Götti Zuckerbeck us Ungara
i myr Spuuſawucha überchoo ha."

. . . .

  Underdeſch is filla Mittatag worda und b'Mamma heb
bs Märend uf ba Plattatiſch¹² tah, — a prächtägi Chruud⸗
weja¹³ va Tubaſpäck ol Haja⸗n Ohrli¹⁴, va demm bs Chlevi
am Samſtig, vorm Zuanachta¹⁵, in br Faißti¹⁶ für'm Huus,
a ganza Schübel — filla⸗n as Bogazaini¹⁷ volla — zemma-

---
¹Handvoll ²isländ. Tartſchenflechte ³isländ. Moos ⁴Katechismus
⁵Präparand beim Religionsunterricht ⁶ohne Anſtand ⁷jehen ⁸Fortſchritt
⁹Weſte ¹⁰am Nimmermehr⸗Tag, ad calend. graec. ¹¹grellfarbig ¹²Tiſch⸗
blatt a is Steinſchiefer mit Holzeinfaſſung ¹³Krautkuchen ¹⁴Taubenkropf,
Silene venosa ¹⁵Dämmerung ¹⁶fetter Wiesboden ¹⁷Korb mit Handhabe
in Vogenform.

gläsä gha heb. „Wia gärä=n as i b'Weja=n au ha, sa sim̄mer b'Chruubchräpfli[1] notta noch a guata Bitz liabr", maint dr Ätti, aber ds Mam̄mi said:

„J glauba drs schoo, aber waist, schi gehnd a grim̄magi Arbet, und bi Zyt hed mr bbrosta[2]." — „J bagryse's vollkom̄ma, mys Urschali! J ha ja nu vam Liaberhah gschwätzt; du waist, daß i nüd la stah lah und Alls nüm̄ma, was uf da Tisch chunnd. Anna Sibazechni hann i glärnät Alls ässä, hutter und putter[3], wia 's choo ist; bin i früener au as bitschi chöhga[4] gsi, sa=n is mr dua va sälber verganga." —

Nahm Löffelwüscha laid Dietäga b'Churzhosa, b'Übrhosa[5] und b'Juatterjuppa=n[6] aa; dernah schlüüft 'r in d'Bärgschua, bschlaga mid serma=n Jsa und mächtägä Guschpa[7]. Ds Bächerpsysi[8] füllt 'r, schlahd Füür mid dr Schlaga[9] und schwaarat[10] dr Zunder y mid dm ugfürmata Tüm̄mlig[11], där schi Dietäga noch in dr Ledikeit, ama=n Altjahrabel bim Ablah vara Schlüsselbügs, arobarat hed.

Vorna=n im Muul hed 'r nu bi plutta Bilderna[12], wil ma=n amal va=n Aim ara Bsatzigschlegary — bim Schibägä[13] — biznahi all vorder Pahlazend[14] ygschlaga worda sind. Wil ma bi Psyssa nüm̄ma heba hed wella, ist 'r schyr Danka[15] druuf choo, a Hosachnopf uszborra, um na vorna=n an ds Röhrli azdreja. Als ärtigs z'Sindchoo; we's aber uf d'Harr[16] nu gholfa hed! Und gholfa muaß hah, denn va dua aa hed ma hy und wider eltari Püürlani mid era sötta=n Yrichtig im Muul gseh.

Fridli gaid uuf in ds Fleischgmächli, um da Chöttihammer, där hert an dr Brodhanga[17] zuahi näbät dr Fierria=n[18] ufghenkt ist. An Tönisch Ggrutscha[19] und a schym Gögl[20],

---

[1] Gebackener und gesottener Kraut=Teig [2] brästä = mangeln [3] Alles und Jedes [4] wählerisch [5] offene Arbeiterhose [6] Blouse [7] Nägel [8] kleine Tabakspfeife [9] am Stahl [10] stark drücken [11] Daumen [12] Zahnfleisch [13] Scheiben, Friedenstiften [14] Schaufelzähne [15] aus eigener Erfindung [16] auf die Dauer [17] Brotlager [18] große schwere Kette für Schlitten [19] kleiner Kinderschlitten [20] Kinderschlitten mit Holzstäben.

bia im a=n Unsort¹, z'hinderift im a Winkel astotzend, gsiab
'r wätterli² stard Schnüer; bia haut 'r denna und tuab scha
z'ara Fürsoorg in ba Hosasack schoppa. Dernah laib 'r schy
Tällerchappa=n uf ba Chruslichopf und stolziert hopt maisterli
in ba Stall büra, um b'Ußschwenzana³ lebig z'macha und za
glyher Zyt b'Rigel= und Gguntelchöttana⁴ aini um bi ander
z'zücka⁵. Ds ggaalt⁶ und ds mälch Veh springt z'zablenba
Füeza bür ba Stallhof in b'Wys und tuab erschröckali z'alla
Syta=n usschnaha⁷, as ob 's wußti, daß ma mid ma z'Bärg
gengti. Toni heb schi am Garta näbät bm Schnittlet⁸ und bi
ba Früeärbsä postiert und schwingt an utonderlahi Niala⁹
ama lenga Stäckä, azluaga=n aswia=n a Paitscha. „Chommend
nu, jier karmentaga Hellhääggä, jier miserablaga Hungertürra
daß 'r sind, wenn i ds Erslücka¹⁰ und ds Abzahsa¹¹ fräut
und 'r gärä=n ais über b'Schnorra y haa wennb!" so träut
'r bm Milchhailer¹² und bm Galti, bia so as schälbs Aug
büra uf b'Ärbsä hend un na älengeri byer chommend. „Sälb
wer mr denn doch dr angstlig Tünägger, ob i ü nib heer
möchti¹³", lahd 'r a Rähgg ab, haut na=n ais uf b'Mnuja¹⁴
und tröschat na so grnusig starch uf bi zwai Bbüggel y, daß
's Schwellera¹⁵ ggeh heb und Wärnä=n¹⁶ usgsprüzt sind.
Aber Herrje y! Ar verstürchlat¹⁷, tuab mid bm Chopf a Tätsch
an a Schya¹⁸, daß 'r widerbüpft¹⁹ ist und fyt za glyher Zyt
mid bm Hindera patsch uns in a frischi Taischa²⁰. „Da würd
mr b'Mamma=n a hübscha Dank wüßa, wenn i a sötti Täschä
gkauft ha²¹!" denkt 'r za=n im sälber, nümmt waidli as Schaiti
und schabat ds Gröbsta=n ab, sa by as nu mügli ist, aber —
a wüesti Muscha²² blybt ma notta.

---

¹ Nebenort ² sehr ³ Schnüre zum Aufbinden der Viehschwänze ⁴ Parren=
ketten ⁵ lösen, herauszziehen ⁶ ohne Milch ⁷ausschlagen ⁸ Schnittlauch
⁹ Walbrebe ¹⁰ Züchtigen ¹¹ Durchhauen ¹² halbjähriger Stier; haila =
kastriren ¹³ Meister werden ¹⁴ haarloses Obermaul ¹⁵ Anschwellungen
¹⁶ Wurm unter der Haut, besonders auf dem Rücken des Jungviehs
¹⁷ strauchelt ¹⁸ Schrägzaunstück ¹⁹ zurückprallen ²⁰ Excrement des Rindes
²¹ beschmutzen ²² Kothflecken.

Amal guat is gji, daß ma bm Veh bs Gschäll noch vorm
Zücka=n am Barma=n aglaib heb, speeter hetti's z'vyl Ustatta [1]
ggeh. Wia baas büranananbera tschiberat und tschäberat [2] va
Plümpa [3], Chlepfaschällä=n [4] und Glogga, — fast zam Ghörloß=
wärbä! Entli würd ma fertig und br Ätti rüeft: „Wötschla!
Wötschla [5]! chomm, se chomm!" und bruf ab: „Syla! Syla [6]!"
Ds Ersta heb br Heerchua, ara=n utonberlaha Walpa [7], ggolta,
bs Anbera zwaina Gaiß, bia au mib na=n uuf müeßend.
 „Bhüet ni Gott, Beebzemma=n und bs Vehli au!" rüeft
b'Mamma, bia mib bm Veschi uf'm Arem uf br Türschwell
staib, und mib bm Schnupftüechli üb'r b'Auga fahrt. Gahnd
in Gottes des Herra Namma und chommend guat uuf!"
 „Das tüe Gott, a Gottsnamma sind ba! bhüeti Gott
und zürra nüd, my Liabi! Denk an isch, bs Glyha tüe mer
au! Di ersta Schlaga Schmalz [8], wa i anka [9], schicka br;
rais amal noch vorhi br Brüegg aa [10], daß 'r kaba [11] würd und
grüst ist zam Ysüüba. Süüd 's aber im a guata Zaiha; luag
uf bs Nibtschiggent und tua 's nib im Obschiggent, wil 's br fuß
in bs Füür überstauba [12] chönnti." — „Hai nu kai Chummer",
machet bs Urschali, „wetti's bim Brunna=Wärfä [13] olb bim
Gnuaga=n au übergugggara [14], sa tet i, was i albig tah ha, i
wurfi as zinnis Täller bry. Daß nümma grulls [15] würd wia
bs fährbrgä, will i schoo luaga! Wemm ma's amal in ba
Brüegg gleert heb, muaß ma's rächt utüseli rüera; is amal in
bs Kalla=n [16] übergganga, lahb schi nüb meh braa verbessara!"
 „Sa=n is 's rächt!" nüttarat [17] br Ätti, „noch amal, bhüeti
br liab Gott! Wer wend, benki, alsgmach wyter!" —
 Fribli hojat [18], savyl as 'r us Hals und Chraga fürher=
bringt [19], hülft mib bm bbehta Gguschpastäckä [20] ggalant [21] nah,

---
[1] Umstände [2] unharmonisch durcheinander tönen [3] große, tiefe Herben=
glocke [4] gellende Schelle [5] Lockruf [6] Lockruf an die Ziegen [7] schwere, fett=
leibige Kuh [8] Süßbutterstock [9] buttern [10] Holzgefäß für Einsiedebutter
[11] geschlossen [12] schnell überlaufen [13] Scheidungsprozeß beim Buttersieben
[14] brausend überlaufen [15] locker und körnig [16] Gerinnen [17] zunicken [18] Vieh=
treiberruf [19] aus Leibeskräften [20] Stecken mit Eisenzwinge [21] vortrefflich.

und fort gaib 's nüb schöners und aswia gsunga, — als Hopt hinderem andera und b'Heerchua mib ama Tschäppeli¹ uf'm Hooragsten² vorna, grab hert am Ätti — bür b'Au³ und Pferrpfier⁴ ŋ ga Schiersch uf ba Büel. Wer 's no nib gsribat gsi, sa weren sch' nib über b'Allmai gsahra und wurtend dr Wäg bür bs topfäbä Fälb ŋ bm andera fürzoga hah.

In dr Batjenja⁵ tüend sch' verzüüha und sahnd sa waiba. Uf aimal chunnd bm Ätti z'Sind, är hai z'lütschel Tabak, und gib Fribli dr Uftrag, zar Merta=n⁶ uf ba Platz ab z'lausa, um rota und schwarza Stemmtabak⁷ va beebna Soorta für glŋher Villi, ättä für bri Batza. Lätsch⁸ und Hannauer⁹ well er für basmal nib, är sŋ wohl chöstli. Als Strempli¹⁰ Straß=burger¹¹ haj er noch im Täschi, für bi grööst Noob tüe's es!

"Lua", bingat 'r bm Junga noch gruusig aa, "baß bs rächt Gwicht überchunnst, as ist dr tuusaga Chlimmsa¹² nib ganz z'trua!" — "Ätti, bbarf i nib a Trumpa¹³ und a Birrapitta¹⁴ chausa?" freegat Fribli; "ŋ bruha b'r kai Blutzger z'häuschä; i hann amal noch ättä bri Biasli im Seckali, vam Altjahr=abetsinga und vam Nüjahrswüntscha¹⁵ härä." "J han dr nüb drwider, sa hest Ättäs zam Chäschä n¹⁶ und zar Churz=wyl; niana chömm mer ŋchehra und uverschammt¹⁷ wŋta n ist dr Wäg!" so luutet bs Ättisch Antwort.

Fribli ist in Genga¹⁸ und mächtig im Schottl¹⁹; är juuzt und schärrbainlat²⁰ aswia a Pfirra²¹ derbür ab und chunnd, dr Ätti ist hoseli as halbs Pfŋffi z'schmäutä choo, widerum uaher mib bm Gkraamata=n in dr Tschopatäschä²².

"Dŋm Chnatscha=n²³ aa hest grüßer schoo bi Birra=pitta=n awenta²⁴ mueßa! J mainti, grab über ba Z'Marend

---

¹ Blumenstrauß ² Kopftheil, wo die Hörner entspringen ³ Stück Allmende ⁴ steiler Abhang ⁵ Waidgrund oberhalb Schiers ⁶ Emerita ⁷ Stangentabak ⁸ Stangentabak, durch Gelenk zerlegbar ⁹ Rollentabak ¹⁰ kleines Stück ¹¹ dünnerer Rollentabak ¹² strenge, eigennützige Person ¹³ Maultrommel ¹⁴ Birnenbrod ¹⁵ Alte Sitte der Dorfjugend von Haus zu Haus ¹⁶ Nagen ¹⁷ sehr ¹⁸ in Freuden ¹⁹ in froher Stimmung ²⁰ schnell laufen ²¹ Kreisel ²² Jackentasche ²³ geräuschvolles Essen ²⁴ anschneiden.

ab wer 's nid fa nötig gſi. Beſſer is, bi Buaba=n äſſend
wacker über Tiſch, as albig zwüſchet ŋ und za=n aller Uzyt!"
— Dia Bryſa, wa dr Ätti da ſchym Soh ggeh heb, würd
nid egſchtra ſchwer uufgnuh; denn Fribli gib aa, baß 'r nu
ama Bröchli Glorja [1] ſuugi, wa er im Uahergah vama Chries=
bomm aherghegſat [2] hai. Di Pitta ſy noch gloggapfennig [3]
ganzi; wenn er ma's ſuß nid glaubi, chönn er ba luaga."
  „So, mr wenn iſch jieverzua uf ba Stumpa macha [4], baß
mr fürwärt chommend!" gummibiert Dietäga=n im a Wyl
bernah. „Wia b'Sunna hüt au gär erſchröckali ſticht! rächt
chyha [5] muas ma. Uf ba=n Abet chönnti 's a Schmutz Rägä [6]
geh; luag amal, wia über Ggiliaila und Frummaſchaa [7] härä
und au über ba Truusnerflüe berra=n allmächtägä Stocknäbel [8]
höher wallend und ſchi usſpraitend — z'verglyha hübſcha Land=
ſchafta, höha=n Yſchbärgä va=u alla Faſona, bia ummerſchwimma
tüend in br unendlaha Bleewi.
  Daß nid nu leeri Sach [9] ſy chönnti, gſiab ma=n an bemm,
wil b'Sunna Waſſer züücht und wylawyſch [10] uslöſcha [11] tuab.
Mer wend 's aber gärä la choo; as warems Sprützerli wurti
z'Bärg und z'Tal br Wags [12] ugmai fürbera. Winter iſt hüür
in ba Bärgä u überhopt filla kaina gſi; vilzytſch heb 's glang=
ſanat [13] und br Boba iſt bi berr allgmaina Tröchni und
Flöößi [14] früer oſſa gganga [15], as wenn's, wia's in ba maiſta
Jahrgeng fürchunnd, rächt ŋherghuberat [16] und gfätzät [17] hetti. I
rächnä, bs Schgnyſerli [18] Schnee, wa 's bim letſta Rüheli [19]
über bi obara Majaſäßa=n ahergwoorſa heb, wärbi's i churza
Taga bi Bitz und bi Fätzä [20] zemmaggaaberat [21] hah. Wenn
mu ünſchi Waid im Wäſchchruub dür bs letſt Gfrürſtli [22] nid

[1] Kirſchbaumharz [2] herunterſchneiden [3] vollkommen [4] auf bie Beine
(ben Weg) machen [5] feuchen [6] Lokalregen, Gewitter [7] Maienſätze oben im
Vilan [8] Haufenwolke [9] Wolken ohne Waſſer [10] zeitweilig [11] hinter dem
Gewölke verſchwinden [12] bas Wachstum [13] bem Langſi (Lenz) ähneln
[14] ſchneefreier Boden [15] aufgehen, Triebkraft erlangen [16] in großen Flocken
hereinſchneien [17] ſchwere Schneeflocken werfen [18] unbedeutender Schneefall
[19] kurze Rauhwetterperiode [20] ganz und gar [21] zuſammenſchmelzen
[22] ſchwacher Froſt.

starch glitta hetti, ja chema's nisch guat; i trua=n, as sy nid
sa bösch as ma maint!

Loß ajo, Fridli, ba düüra, bs Gvögl schynt grab Lubi
z'hah¹! Ghörst, wia b'Fingga in ba Haslastuba fingend
und pfyfflend! Ist bas nid aswas Prächtigisch? Is 's nid
brezys und brezys, as wia sch' dm liaba Gott danka tetend
für ba bsunderbar hübsch Tag und sägä wettend:

"Schaff nu, schaff nu, as gib as guats Jahr!
Hoff nu, hoff nu, Muat und Flyß bawahr!
Sing nu, fing nu, as würd nid schlächt diar gah!
Bätt nu, bätt nu, sa würst du Sägä=n apfah!"

Höher gaib 's bür bi Batjenja, verby rächter Hand näbät
Mazags², lingger Hand bim Schybabüel, y bür b'Matanjer=
Gassa und über Ta=Wasmunts³, Pußarai⁴ zua. D'Lüüt
müeßend grab wacker am Langsiwärch sy, denn nid a läbendagi
Seel tuab na=n ambchoo⁵ und bs Abamji Tamm, bär schoo
lengsta underem Boba lyb, bagägnet na natürli au nümma.
So im Fürwärtstappa muaß Dietäga vyl an basjälb Mennbli
denka, va demm dr Ätti selig imm asia mengs Stückli erzellt
gha heb. I schyna Gabanka gsiab 'r — sa düütli, as ob 's
grab hüt wer — bs Abamji va buazmala=n uf ama chlaina Schüm=
mali bür ba Ta=Wasmunts uußerryta, um i schyna prächtägä
Güeter und süperba Gglägäheita=n⁶ ättäs ummerzwünderla
und ba=n Arbeitslüüt Alaitig z'geh. Wia karjos! — är glaubt
hüt noch bas rähggerlig⁷ Stimmli z'ghöra vam stairyha und
doch so arma Tammli, bas, vam Pobigramm erschröckali
bblagat, hofeli meh abstett choo=n⁸ ist, und za Lüüt, bia ma=n
ättä=n uf ara sötta Tuur bagägnet sind, nu z'tyra⁹ und
z'chlaga gwüßt heb:

"Alls ob'm Wäg und under'm Wäg ist my!
Das geb i här! — bs Gäld üb'ry,
Wenn i nid müeßti chrankna sy!"

---

¹ ausgelassen lustig sein ² Mont Sar ³ Wiesengründe ⁴ Bergdörfchen,
zu Schiers ⁵ begegnen ⁶ Liegenschaften ⁷ weinerlich ⁸ vorwärts kommen
⁹ jammern.

„Wia i au z'chrezza [1] und ummerz'ogfa ha und derby au nid fa vyl unßerluagat, i hetti mid demm no lang nid tüüicha möga", finnat Dietäga. „J will z'friba fy, wenn i ufrächtä blyba, nid überdank my Sach tua [2] muaß und mys chluberlis [3] llSchoo hah chann. Als ift aigentli wahr, ma fötti aim bi Bai abfchlah, wemm ma chlagt, fa lang as ma bi guater Gfundhait ift. Aber fo find äbä d'Mentfcha; fchi wennd 's albig beffer hah afcha's hend und afcha's verdienend, und ŋ fälber bi um kais Häärli beffer, — das ift amal gefter au dr Fall gfi, fuß hetta mer ds guat Urfchali nid fo dr Tägft läfä müeßa. Alla Refpekt für 'era!"

— Under föttna=n und anderna Gadanka ift ma=n ugfinnet [4] z'Pußarai dinna.

Va dörta gahnd fch' da gfchwindawäg [5] über Ggraufch [6] ab zam Schuderfcher=Brüggli, under demm dr Salggyner [7] fchummenda verbyruufchat und di chächftä Staipolla=n [8] aswia Bugs [9] uuströhlt. Wyter müeßen fch' über ds Bältlinefer= Brüggli [10], das va demm Bärg za bifchem übergaib ob'm wilda Schraabach, där wägäm hütega=n Alabara [11] lättig und fchwarz lauft und, wil ma teuf im Tobl dinna, im Namma va Flööza, a Huufa Byga=n ŋgworfa gha hed, ganz Brägl [12] zaichnat Spähltä derbüruusrobet.

Fribli fpringt in b'Stuba und fchnöhzt [13] vara Sala=n [14] as glatts Schoß ab. Är pätfchget [15] überhopt gärä und hüt chann er ds Schnäflä [16] nid la fy lah, wil ma=n a hübfchi Salapfyffa fchoo lang verzoora [17] gha hed. Hüt muaß aini härä, nu a Pipa, dia 'r underwägä z'macha choo=n ift, mag ma nid gnuag geh; — das ift meh für bi chlaina Buada!

Uf dr Pifchegg [18], wa fchi ftozig und geech [19] ufzühcht, maint dr Ütti, där wägä feerhafta [20] Färfchänä [21] und

---

[1] mühevolles Arbeiten [2] überangeftrengt arbeiten [3] fpärlich [4] unverhofft [5] fchnellftens [6] Maienfäße und Privatgüter [7] wilder Tobelbach [8] große, rund= liche Steine [9] ganz leicht [10] Maienfäße und Privatgüter [11] Schneefchmelze [12] Haufen [13] fcharf abfchneiden [14] Salir, Weide [15] fchnitzen [16] Schneiden [17] ge= lüften [18] fteile Gebirgspartie [19] jäh [20] empfindlich, fchmerzhaft [21] Ferfen.

Agarsta=n=Auger[1] asa meh schläärggat[2] und tschaarggat[3] as
gaib: „Mr wend as bitschi erschnuufa! In aim Strack[4] möcht
i nid gah über ba Graab und ba Sattel bis uuf in bs mättel
Wäschchruub; as teti 's nid. Karment y, wia 's my Bai
griesterat[5] und mi überhopt z'Hanba gnuh[6] heb! Nib bagryssa
channi i's! Wil mr ruabend, will i amal noch ais ysülla[7],
sälb waiß i! . . . .
„Was ist baß? . . . . Buab, hest mr du dr Tabak?"
tuab 'r a Schnall[8], daß 's im Wald rächt erhilla[9] tuab.
„Ja, Ätti, i han dr na bbotta und du hest a in bi
uswendig Tschopatäschä=n ygknoozat[10]!"
„Hettist mr na ggeh, sa hetta na=n au!" schmerrzt[11] dr
Ätti, und machat as grimmigs paar Auga=n in ba Buab.
„Sa gwüß as i ba bi und bia Salapfyssa heba, i han
dar a ggeh!"
„Hör schwerra, suß tschuffa bi und erhaara bi[12], bu saker=
ments Hüberli! Wenn b' bi noch aswiavyl vermüserist[13], sa
schlahn bi Tutz br Dutz[14], karlentagi Witzchrinna[15], baß b' bist!"
„Bsinn bi, Ätti, bsinn bi! i waiß, baß dr na ggeh ha",
said Fribli, bär birra sötta Verdächtägig ganz erschnyat[16] ist
und bs Brälla silla numma verheba[17] cha.
Unberdemm chehrt dr Ätti all Seck und Täschä=n um,
aber niana kai Tabak; nu im Brusttuach stächät bs chlai
Strempli Straßburger.
„Ei bhüetisch und waß gsägenisch! das sehlti noch! Au
bs Psyissi brist mr, mys Bächerpfyssi, bs Abenka va mym Ätti
selig, bas 'r a schym leista Tag — nu a Stund vor'm Ver=
schaida — noch im Muul gha heb. Under'm Boda tet er schi
noch umchehra, wenn 'r wußti, baß i's so liaberli versummarat
hetti! Das heb doch dr Boda=n uis[18]! Harr Jeses, au no

---

[1] Hühneraugen [2] schlurfen [3] schleppend gehen [4] ohne Unterbrechung
[5] stark ermüden [6] angreifen [7] Pfeife stopfen [8] zorniger Ausruf [9] wiederhallen
[10] stark eindrücken [11] scharf sprechen [12] bei den Haaren packen [13] mucksen
[14] über und über [15] Naseweis [16] zusammenfahren [17] das Weinen verhalten
[18] hat keine Art mehr.

daß! „Wenn dm Bättler bs Brod nib ghört, verlürt er 's
usem Sack!" Ds Gäzziloch-Hittali heb's au gmaint, wa ma-n
uf'm Landgwert-Stäg dr Z'Marendpüntel atganga-n ist.
So mr bs Pfyffi au no bräftä tuab, muaß i aaneh, as
i̊y mr Alls midananbere-n ußerggagglat¹, vallichter gär ab
in bs Tobl. J tuusig mentschem² y, waß sahn i aa? Ist
mr baas nib a Plesi³! Nai sy, wa hann i au br Grind gha?
Was nützt mi bs Stremplatschi⁴ Straßburger ohni Pfyffa?
Schicka⁵ chann i nib und mag i nib. Wägä mina chönnb
Anber Tabak chüa bisch gnua henb; y amal will nüb dervaa!"

„Froh bin i, Atti, baß b's nümma-n uf miar hest!"
maint Fribli, „as ist mr niana meh rächt gsi, wa b' bi nümma
la bbrichta lah hest wella und so erschröckali äpfüzta⁶ gsi bist!"

„Ja, Fribli, buuft is dr⁷, baß b' druuß bist!" saib dr
Atti, bär bm Buab gäganüber b'Milch asa-n abergglah⁸ heb.
Uf'm Üsserfta is gsi, baß bi in dr ersta Täubi toll und wacker
g'öhrlat und di erflohat⁹ hetti; chast va Glück reda, baß aso
abglossa-n ist! So cha 's aim äbä gah, wemm ma-n All-
schigsch¹⁰ z'finna heb und di Gabächtnuß suß asa schwachat.
Wenn i nu banehsta dobna weeri, a Nachber teta mer schoo für
aswialang nußßälsä. A verslummati¹¹ Sach blybt's wellawäg¹²,
aber da hülft fais Zittara meh für bs Früüra¹³. Wenn i noch
di größer Lammertyra¹⁴ versüerti, chemi b'Sach im Grund gnuh
um fais Chytli¹⁵ besser. Chumm! — Tryb, mer wenn isch a Gottes-
namma noch graggär uufmacha! — Laß bm Galteli nu a biß dr
Wyl; w'l 's aswiavyl brabrehm¹⁶ ist, bbarf ma 's nib übertryba."

Gägä-n Abet chommen sch' bobna-n aa, traufbräcknaß va
Schwaiß und müed grab rächt gnua, filla zam Gnappa¹⁷.
As orbelis Gresli träffenb sch' um da Stall um aa, aber Mälch-
terna¹⁸ notta no faina. Ais Hopt frissat bm anbera z'gyt und
Alli chommenb schi grab wacker z'erböhnla¹⁹. Wia da Alli schlum-

---

¹ herausfallen ² = safrment ³ Unheil ⁴ winziges Stückchen ⁵ Tabak kauen
⁶ erzürnt ⁷ bein Glück ⁸ zugänglicher werden ⁹ züchtigen ¹⁰ Allerlei ¹¹ verflirt
¹² gleichwohl ¹³ läßt sich nichts mehr ändern ¹⁴ Lamentiren ¹⁵ das Geringste
¹⁶ steifbeinig ¹⁷ Wanken ¹⁸ saftiges Kraut ¹⁹ übersättigen.

— 44 —

pfend¹ und abworgend, Huut und Balg volla bis in b'Hunge
tolla=n² uus, daß ma=n angſta heb müeßa, bi Gabytloſaſte
chönntend plaaht⁴ wårbå! Alli Höptleni ſind guſchper⁵ bblib
nu di Zytchua⁶ heb bi ma Sytaſlaug⁷ nåbåt da Wåg ab a
Haarna=n⁸ a Flårå⁹ gſchlaga und muaß nib grad böſch lam
gah. Fribli muaß z'erſtwårch¹⁰ bi Trenki zwägrichta, denn
Waſſer im Brunnatrog iſt dick blaib¹¹ mib Chrottaſyga¹², u
mächtig großi Waſſerchalber, bia Lüüt und Veh nib gue
dianend, tüend bry ummerſchlengla und ſchi ummerzerbäugla

„Dia Rüſtig¹³, vor derra=n år as rächts Abſchüha hai,
müeßi nußer und daas bi biß und bi ſpraat¹⁴", heb dr Att
bafolla. Dår machat ſchi waidli hinder da Målhaimer hårå, a
demm b'Hiena¹⁵ lebig gganga=n iſt. Zerſt tuad 'r ſcha ver=
byßna=n¹⁶ und laid dernah dr Aimer, bår 'r dür zwai hand=
völlig Staina bſchweert, in da Trog under da Chennel zam kaba,
wil 'r va Zårlächerti dwågå¹⁷ ſuß grunna hetti aswia a Nytera¹⁸.

Als nahm Andera, albig ds Nötagſta zerſt, würd abtah
und ſo heb's noch a früeara Fyrabet ggeh, aſch' gmaint hend.

Fribli muaß bagryffli ara Pſyſſa nahi, ſuß chönnti dr
Atti nib yſchlaaſſa.

Va Punzi za Palaati¹⁹ trifft's ma z'gah, aber nahand
überchunnd 'r notta=n a Chachlapſyſſa va=n Aim, bår zwaia gha
hed, und au aswiavyl Tabak im a Schwybblehtarli²⁰, dår amal
für bi grööſt Nood dr Dianſt tuad, bſunderſch denn, wenn dr Atti,
was au ſchoo fürchoo=n iſt, us Spårregi und Zemmahebagi²¹,
Häubluaina²² und Sandblakta²³ under da Kanaſter miſchglat.

Umma Nüni ummer liggend Beed im Boorbett²⁴ und
Fribli, bår ſchi hoſeli meh verbråwå heb möga²⁵, ſahd a

---

¹heißhungrig freſſen ²ble Einſenkung neben Kreuz und Bauch des Rin=
des ³heißhungrig ⁴aufgebläht ⁵munter ⁶dreijähriges Rind ⁷Nebenſprung
⁸Kniebiegung des Hinterfußes ⁹ſtarke Hautſchürfung ¹⁰vor Allem ¹¹belegt
¹²grünliche ſchleimige Maſſe ¹³Unrat ¹⁴des Gänzlichen ¹⁵drehbarer Bogen
am Eimer ¹⁶mit einem kleinen Keil befeſtigen ¹⁷wegen Auseinandergehen
¹⁸Sieb ¹⁹von Pontius zu Pilatus ²⁰Schweinsbläschen ²¹aus Sparſamkeit
²²Heuabfälle, Geſäme ²³Huflattich ²⁴erhöhtes Bett in Ställen ²⁵ſchläfrig ſein.

'ruuzza¹. Dr Ätti aber rimpet und rampet² noch as bitschi vägä=n aswas karjosa Byzi im Rügg, riblat as paar Mal iber b'Chnäubügana uuf und ab, wil di Gsücht³ old ds vermalaschiert Rematiz dür b'Vermüejig⁴ stöbarig⁵ worba=n ist, iber underm haimalaga Zemmaschälälä dr mäuenba⁶ Chüe — r hübsta Puuramusig — chommend b'Oberlender⁷ und di chweera=n Augaliber falla ma=n ugsinnat au zua. . . . . . .

III.

A wundersamma Tag hed schi akündt am Himmel, a Tag via sch' nib dick fürchommend und drum überuus dankeschwärd ind für b'Natur und für di Gschöpfi. Ob Wald hend di hübscha Bärgä noch ds Winterhääz aa, und z'Luaga dunkt's uis, as ob z'beeda Syta=n as chrydawyz-bbuhats Lylacha=n therhüengi. Unanum und über b'Mitti uuf hend sch' asa ds truabblüemlat Hääz aaglaid, mid demm au b'Äbni bschenkt vorba=n ist bür da herrli Langsi, — z'verglyha=n ama ziara Shnab, vam Himmel ahergschickt, bär schyni Uuferstehigs- iaber singend uf ds Nüa=n yzoga=n ist mid ryha Gaba, um uzz'taila=n ama=n Pialaha ds rächt Pfächtli

Dür ds Tagliachtli und as Spältli gügglat di liab und rüe Sunna=n y und grüezt di Zwai im Boorbett. Schi stahnd uf und Fribli gaib zam Brunnatrog, um bi verschwärräta-n⁶ Auga, dia 'r zerst noch mid Nüachterspuu⁹ bstricha hed, suber iszwäschä und ds Riab us schyna Rolla=n¹⁰ aherzchampla. Vor zuattera tüend sch' an Türgg über und derwyla=n as bär uf r Gluad sütterlat¹¹ und pflütterlat¹², würd gmolha und s'Milch uuszah. Wil sch' dua speeter am Äffä sind, freegat Fribli, b 'r nid am Abet vor Alpsahra mid andera Hüeterbuaba=n is Alpfüür macha törfi; uf Pendla tüend sch' es all Langsi au.

„Wenn er guat Sorg heba wennd und 'r nid ätä bür worsichtigs Ummerzüüzla¹³ dr Wald azüntend, machend's wägä

---

¹schnarchen ²reiben und kratzen ³Gicht ⁴Überanstrengung ⁵spürbar wiederkauen ⁷der „Sandmann" ⁸verschwollen ⁹nüchterner Speichel ⁰krause Locken ¹¹bim. von sieben ¹²blähen ¹³mit dem Feuer spielen.

myna", mufflat¹ dr Ätti, wil 'r grad a Schlumpf² süttig
haißa Türgg, där ma filla dr Racha verbrennt heb, abwürgt.
„So! das gib schi noch! Chumm mer nid widerum dr karlentè
Höscher³, där mr b'Auga=n übertrybt!

Gschwind, gschwind, büüt mr dŝ Binnerli⁴ mib dr
nâchtâgâ⁵ Milch, sa chann i a Schluck neh zam Abspüela! ...
So, jetz hetti's widerum a bessari Gattig! ... I muaß doch
amal Zacharias freega, ob 'r mer nüb geh chönnti für bi tüüggerŝ
Jöscherata⁶, dia mi vyl z'bick blagat und waiß dr Schinter
wahârâ chunnd.

Fribli, daß b's as anders Mal waist und nümma tuast,
sahr mr nia meh mib ama=n offna Hegl in b'Milch, nümm
liabr dŝ Rohmmesser ol suß âttäŝ Hülziŝ, wenn b' aŝ
Sprätzäli⁷ und derra Züüg unßersischa witt, wia b's vorig tab
hest. Alls Hauends und Stächends, was va=n Ysa sy, sahri
da Chüa in b'Unter und nemma scha va Milch, hend bi Alta
bhauptet. Wenn i au nib gnau waiß, ob schi grad so var=
halta tuab, sa hann i notta dr Drnig bwägä za berr Asicht
ghalta und was ma schi amal agwennt heb, lahd ma nümma
gärä la fahra!"

Fribli möchti dr Ätti i Hulbi bhalta, wil 'r ma dŝ Alp=
füür erlaubt heb, und saib, är welli fürhy braadenka. — Ver=
zwyflat gärä hetter's, wenn er ma=n aageebi, wia 's bi br
grooßa Füürata=n uf Penbla zuagengi und wägä was ma
dörta=n aigentli so druuf hebi, im Vorderbrätägä=n albig wyt
uuß dŝ grööst Alpfüür z'hah.

„Das ist gär a chluahi⁸ Sach, dia menga Schuanagel,
olb anderist gsaib, meng Lüff und Wägä n ersparrt. Karjos
dunkt's di, my Buab, — i gsiandr's grab aa, — aber aŝ ist
notta=n aso!

Dŝ Penbla=n=Alpfüür gsiab ma=n y bis uf ba Schuber=
scher=Bärg und söll va ba Grüscher uuŝ an b'Schuberscher, bia

---

¹ unverständlich reden ² Löffel voll ³ Aufstoßen ⁴ kleines Holzgefäß
⁵ von gestern Abend ⁶ Aufstoßen, Rülpsen ⁷ kleine Kohle ⁸ klug

mibanandera gmaisami Alpig henb, as Zaiha sy, basch' über=
moorabesch, z'aller Früeji, z'Alp fahrend. Uf Planbischieris[1]
tüenb sch' um a frystehenbi Hubltanna[2] chlai unb grooß
Püüscha[3], bürrs Abholz unb Gräschp[4] aastütza, bernah züntenb
sch' bi ganz Basteeta=n aa. Das gib benn bi turrahöch Flachata[5],
wa nia stunbawyt in bi Bärgä=n y gsiab unb bia schi nahm
Zuanachta, wenn Glanz ist[6], gär aparti hübsch uusnümmt, so
hübsch, baß y as an alta=n Esel noch my Fräub braa ha.

Unb warum sötti's nu bi Buaba, nib au bi gstanbna Lüüt
fräua? Ds Füür zaihet ja aa, baß br Langsi bür ba Summer
abglößt würb unb baß bs liab Vehli obschi cha, uuf in bi
frisch Alpaluft zam saftaga Graaß, za ba chlara Quellana!

Umasuß aber henb sch' bs Füür nib, bi guala Grüscher=
buaba! An uvermalabyti Baizi[7] müeßenb sch' asia hah, bisch'
b'Sach zemmazrätzgä chommend. Wenn sch' ättä=n a rächt
schweeri Püüscha bür Büchla=n unb Tolla schlaipfa müeßend,
laib's bär olb bischa zemma=n aswia a Hegl; bick Aina=n über=
chunnb ganz offni Agsla vam Trägä, Menga chunnb z'ara
wätters Büüla olb za Flärrä, bia lang zam Egnäsä henb, unb
soz sägä bi Maista richtenb Hosa=n unb Tschööpa so erschröckali
zua, basch' fast nümma z'rächt zbringa sinb!"

Fribli gigarat[8] unb maint: So gangi's irrna=n amal nib,
sälb wüß er. Wenn sch' nib gnuag Ghölz hajenb, gangen sch'
grab in ba Baawalb[9] büüra, dört finba ma, was ma well.
Fährä hai's an as paar Oort liggenbs Holz gha, under An=
berem au a mächtägi Zwiarggala[10] unb a bbolzgrabi Ruata[11],
bia br allerhübschift Spoorchennel[12] ggeh hetti.

„In ba Baawalb z'gah underftanb bi nib ättä, suß wetta
br benn tscheza[13]! Wellist gärä, baß bi Gschworna Ehlas,
bär börta=n albig ummerlotzat, bim Buaßagricht aazaihati unb

---

[1] Walbgebiet im Hochwang [2] starkäftige Tanne [3] kleine Tannen [4] Reiser
[5] Aufflackern [6] bei hellem Himmel [7] Anstrengung [8] kichern [9] Bannwalb
[10] boppelstämmiger Baum [11] schlanker Baum [12] Dachrinne [13] strafen.

my au berzua? Ja wolla, chumm mer mib Söttem kai Mal meh, suż heft bs Oel verschütt[1] by mer! Hüt henm mer noch va=n Anderm z'reba=n as vam Alpsüür und Anders z'tua. Du luagist mr orbali zam Veh und lahst mer's nib büüra in bs Riabli; waist, as heb bört grimmig teufi Athalöcher, in benna bi grööst Lanza[2] vergolbati[3], und br ganz Boba tuab börta so uuf und abzuaza[4], baß ma maint, ma standi uf ama Wigi=Wägi[5]. Ds Faißteli[6] in br Wanna[7] bennat wemm mer nib z'nahweeß[8] sretza[9]; uf br Allmai gib's i churza Taga z'fräßa rächt gnua. Zerst gahn i an bi Züüni[10]. Hy und wider manglat a Schya[11], — und au b'Legi[12] ist irra miserabla Verfassig. A spottblüetagi Arbäschand[13] is, wia ma=n aim, wemm ma nib ummer ist, bs Ghölz awäckstibizt. Guat Nacht, wenn i amal Aina=n am Rüpfla[14] trappierti[15]! wia bs chalt Ysa schlüeha na zemma; grab marixla und tacha[16] chönnt i a Sötta, sälb muaß i sägä!

Wemm mer bs Veh ytah henb, muast mi mer in b'Fajungga[17] büüra um a Tregi Püüscha; in br Nehi hann i nüb Paßendsch. Sa gschwind as i nu br Zyt ha, muaß i as paar Müsala[18] za Schindla zerspaalta, denn bs Wätter chunnb asa boba wacker bür as paar Schlüff vam Tach aher; uf br hindera Syta schynt mr Alls mistmobasuul[19] z'sy und muaß gwüßer br grööst Tail nü yteckt[20] wärbä; a nötaga Chehr, wa i suż fast nib um chumma! — Ist amal das gscheh, sa chunnt bi Brügi[21] an bi Tuur; bs zarryta=n Abähöch[22], bas au uusbesserat wärbä muaß, pressiert nib aso, bas lahn i bis zletst! — Du, Buab, muast zwüschet Hürta in br Faißti fertigrumma; zerräch mer b'Schärrhüüsa und bi sunnaverbrennta Chüechli[23] und tua bennat bim Ahoora bi Gärbärnäwurza=n[24]

---

[1] in Ungnabe fallen [2] lange Stange [3] untergehen [4] zittern, schwanken [5] auf der Wage [6] kleines Feldstück [7] größere Bodenvertiefung [8] allzunah [9] abwaiben [10] Zäunung [11] Zaunstück [12] Zaunburchgang [13] unter aller Kritik [14] Diebstahl [15] attrapiren, erwischen [16] töten [17] Wald= und Waidgebiet [18] gespaltenes Holzstück [19] mistmobersaul [20] Eindecken des Daches [21] Standort des Viehes [22] Erderhöhung zum Eingang auf den Heustall [23] Rinder-Exkremente [24] weißer Germer, Nießwurz, veratrum album.

uußerſtǟchǟ, baß mer bia Tüüggara nib das anber Gras über=
nemmenb. Dornig muaß in Allem ſy; Erwuaſta tarf ma b'Sach
nib laß, ſuß chumm ma nümma=n us br Uornig uußer unb Als
heb kai Bſchuß meh. „Bǟttǟ=n uub Wǟrhǟ!" iſt as chöſtlis
Woort, bas mi b'Mamma ſelig ſchoo früe glehrt heb unb
bemm tua=n i's verbanka, baß i za=n Ättǟs choo bi. Tuaſt
bu bs Glyha, my Buab, ſa is za bym aigna Vortl unb bu
würs bym Ätti in ſpeeta Jahra no banka, baß 'r by baas
glehrt heb unb nib ättǟs Anbers!"....
 A ſtrengi Wucha, bia 'ſch guat z'Nuß glehrt henb, iſt
z'Enb gganga. Bi Dietǟga tarf am Sunntig nüb gwǟrhǟt
wǟrbǟ, uusgnu baas, was für ba=n Unberhalt vam liaba Vehli
abſaluut grab ſy muaß. Nib umaſuß heb ſchi Fribli uf ba
Sunntig gfräut gha, benn Dietǟga machat ma bi verſprocha
Suuſa¹, bia ma=n aber gſchwinb über b'Naſa ggeh² heb, wil
ſch' gärä pſekt³, bſunberhaittli, wenn ſch' z'gytlaga=n ygſchlaga⁴
würb. Am Nahmittatag lahb ma br Ätti bs Privilegi, z'gah,
wa er well; zam Vehli well är bia Zyt ſchoo luaga; wenn 'r
zam Ytua chemmi, ſy's früe rächt gnua. Dr Buab benkt zerſt
an Allaberlai, wia 'r br Nahmittatag am Beſta bürabringa
chönnti, ba — uf aimal ſchüüßt ma br Mamma Bruſttuach
bür ba Chopf, waſch' ma verhaißa heb, wenn 'r baas unb
biſches lärni. Gſchwinb unb aber haimli für'm Ätti nümmt
'r b'Hiſtorri vam Brittli ob br Asma=n⁵ aher, tuab ſcha=n
in bi ywenbig Tſchopatǟſchǟ unb kalloppat mib ara uf bi groß
Egga büüra, um börta=n im Schatta va ra Püüſcha bm liaba
Mammi bi alleryhübſchiſt Sunntigfräub z'macha.....
 Am ſälbä=n Abet, as guats Wyli nahm Zuanachta, —
br Ätti heb grab a Daacht gmachat in bs Schwirrliacht, bas
an br Schwirrla⁶ über'm Tiſchli ufhangat, — chommenb as
paar Nachbbura in b'Hütta, im Namma va Hengara.
 Zwai bervaa chennt Dietäga nib, aber är lahb ſchi la
ſägä, baß' Seewaſer ſyenb.

---
¹Miſchung von Milch unb Zieger ²ſättigen ³überfüllt ⁴haſtig eſſen
⁵Geſtell ⁶brehbarer Wanbleuchter.

A Nachbbuur, bs Joppa-Fäftli¹, heb bi Frönba Beeb zam Zimmara-n uf'm Tagloh gha, wil schy Gmächer und br Stall — barr entig Lufera² — am herrta Zemmakya zuahi gfi find und va Boba benna³ widerum ufgricht wärbä henb müeßa.

Ds Erfta, was bi Puura tah henb, ift gfy, bi Tabakata-n azraifa; a Puur ohni Pfyffa-n im Sack olb im Muul, rymte schi schlächt und am hällä luutera Mittatag müesta ma mib ara Latärnä berra ga suaha gah.

Dietäga ftellt, as bitschi in br Pfurri⁴, as vierschröts Tötschli⁵ uf ba Tisch und laib bernäbät aswas Patsch⁶ mib volla Lucka, bär schoo a heers ewagi Lengi kai Schlyfstai meh gseh heb. „Där chaft tua, wa b'witt, bär haut brezys was 'r gfiab!" schmöllalat⁷ Fäftli und laib schy br aiga Wälschlenberhegl⁸ zam Tabakschnätzä-n uf ba Tisch.

„Luagenb afo, i arma Narr!" veregschgüfiert schi Dietäga; „i ha's nib mib Flyß tah und in br Dünkli nu bs Lätzä-n erwüscht; henb's doch nib ugärä!"

Wia amal Alls in Genga gfi-n ift, paffenbsch' und schüblenbsch'⁹ zemma, baß bs Liacht im Rauch usgfeh heb, aswia a Stärnä irra lychta Herbstbrennta, — a brinnenba Rummhuufa¹⁰ wer berr Rüheta lütschel nahgftanba.

Fribli hockat im Winkel hinber'm Tisch, rybt b'Auga, gwußer wägem Rauch, tuab hy- und härfigla¹¹ und ummerfischpara¹².

„Sy amal rüebaga!" armannat na br Ätti, „und tua nib albig ba Hunba lüuta¹³! Das ift doch a tüfels Gwonnhet! Aller gottsliha Dinga¹⁴ hettift mr mib byna herta Chnoschpla-n¹⁵ a Sparz¹⁶ ggeh an a Zuaschinna¹⁷. Wenn b' albig ummerfigariera witt und b' nib Wyti¹⁸ heft, gaift aifach in bs Näst!"

---

¹ Sylvesterchen von Joppa ² gänzlich verfallene Bauten ³ von Grund aus ⁴ Übereilung ⁵ Holzklötzchen ⁶ schlechtes Messer ⁷ sticheln ⁸ Messer mit massiver Klinge und einfachem Holzheft ⁹ Rauchwolken blasen ¹⁰ Motthaufen ¹¹ rutschen ¹² sich unruhig bewegen ¹³ die hängenden Beine schwingen ¹⁴ bei einem Haar ¹⁵ harte Stiefel ¹⁶ Streich mit dem Fuß ¹⁷ Schienbeinleifte ¹⁸ Raum, Ruhe.

Afenkli würd Allaberlai verhandlet, wia 's bi ba Puura dürbbant[1] dr Bruuch ist — vam Wätter und vam Veh. Di wüest Tuget, über b'Näbätmentscha=n uszrichta, anber Lüüta Sacha z'zartengla[2] und schi in ba Grundsboba=n y schlächt z'macha, henb bia Menner nib gha, bsunderschi Dietäga nib, bär suß albig gsaib heb: „As Jielis muaß mib dr aigna Huut z'Marcht gah. Daas simm mer bi rächtä Visiggügg[3], bia b'Nasa=n in Allem binna henb und sälber für dr aigna Tür gnuag z'rumma hettenb! Aha, ja bigott!"

Va bemm Puur ghört ma, wia er am letsta Zat An=berstig=[4]Marcht as ziars Rinblaggi[5] mib bm hübsta Flahma[6] um a barra Spott gkauft hai, für baas 'r acht Tag dernah anderhalbi Dbubla[7] Profyt überchoo hetti; as sy ma=n aber numma fail gsi!

An Andera=n arzellt va schyr fährbrgä Heermäßeri[8] in Truusa, bia au uerhoorta Schöpf Milch ggeh hai. Im Mäß[9] sy sch' uf b'Mälhi choo bis uf bri Vinner[10] und ölf Löffel, — so ättäs sy a hopt Schlapp[11] und kai anber Chüa hajenb schynera nib uf bi Byi[12] ds Vögli heba[13] chönna. A britta Puur, Vazoolis=Happ[14], bär schyr Zyt in Truusa Chüajer gsi=n ist, chunnb au uf vergangni Sacha z'reba. Är gib aa, wia 'r amal va Wunderst wägä[15], um z'luaga, wia 's über=bennat in ba Muntasuner=Alpa=n uusgsehi, bi br Sporratzer=ganba[16] düra, hinder ba Flüe um und bür bs Schwyzertoor[17] widerum härä sy. Är hai aber nib bi Tummheit baganga, as Gwehr mi ma z'neh; ättä ga Fälkirch ab 'mueßa, bbunba=n aswia a Schelm, hetta na wärli nib glüst.

---

[1] durch's Banb, gemeinhin [2] splitterrichtern [3] Kerl [4] St. Anbreastag [5] kleines Rinb [6] Zeichen vorgeschrittener Trächtigkeit beim Rindvieh [7] Du=blone = 13 Gulden [8] bie erste Milchkuh [9] Milchmessung [10] 1 Vinner = 2 Maß [11] sehr starkes Quantum [12] Nähe [13] beikommen [14] Kaspar von Vazolis, Bergweiler ob Schiers [15] aus Neugier [16] Stein= und Schutt=Thäler in der Richtung des Drusenthors (Sporrensurka) [17] Übergang in's Rellsthal (Montavon).

— 52 —

"Sälb hetti au aso ghah! Und wia heß überdennat atroffa? Henb b' Muntafuner hübschi Alpig? Ist br Wäg gfehrlaha und wyta?" Fästli is, bär va Happ über baas ättäs Gnauersch arfahra möchti.

"Gfehrli is nid amal, aber wyt gnua. Wemm ma guati Bai heb, machat ma 's aber notta ohni überuus großa Strabaß. A hübschi Tuur blybt's wellawäg und schi fräut mi, sa dick as i an scha benka. — Gaid ma bim Truusnertoor[1], ol wia man au said, bi br Sporrafurgga=n[2] über, sa chumm ma=n über Gröll und stoßig Grashalda=n ab in bs Gauertal[3], das vier bis süüf Stund Lengi heb und bunna bi Tschagguh[4] und Schruh[5] uslauft.

Ds Tal söll as paar rächt hübsch Alpa hah; so amal bi under Sporra=n Alp, bia ma mid guat zwaihundert Chüa bjeßa chönni und bi ober Sporra.n Alp, über bia i im Düra= wäg gah ha müeßa. Vierzg Alphütta hann i uf Obersporra zellt, bia filla wia as Dörfli zemmabbuut sind und han au a ziara Schlag Veh und rächt sy[6] Senna-Chnächtä dörta=n atroffa. Va ba=n Alphütta bin i dür Waida=n ama Tobl zua, das Ofatobl haißa söll und düra gaid bis zam Ofa, old zam Sporrapaß. Va dörta heb ma=n a wundersammi Uussicht düra=n uf Cavall, uf da Schäschäplana und ab in bs Nells= tal[7], das guat sa lengs sy as bs vorraga und abgaid bis ga Vabans[8]. Au in demm Tal hai's hübsch Alpa, wia mr la sägä ha. A guata Stuck bunna, herrt am allmächtig höha Zimbaspiß[9] zuahi, lyb b'Voralp Zirs, wyter hajobna sind as paar andara: uf br aina Syta, bm Lünnersee zua, b'Lünner= alp, uf br Schwyzertoorsyta bi Zalundi und b'Salonia=n=Alp. Nid wyt und linggs vam Ofapaß garrend zwai allmächtig groß Felszagga=n in b'Luft; b'Lucka zwüschet beedna=n ist äbä bs Schwyzertoor, br Paß, wa vam Brättägä=n in bs Nellstal übergaid und au va Kunterbendler dick bbruucht würd. Bim

---

[1] Joch in's Gauerthal [2] ebenso [3] zu Montavon, Seitenthal ber Jll
[4] Tschagguns [5] Schruns [6] freundlich [7] Seitenthal ber Jll [8] im Montavon
[9] gewaltiger Gebirgsstock im Montavon.

Härägah bür bs Toor heb ma b'Chilchlispitz rächter und bi Truusnerflüe lingger Hand. Nia hetti's gglaubt, daß in br Truusnerflua zwai Zingga werend, bia an Höhi bm Schäschäplana lütschel nahstüenbend. As sind bi zwai Hoora ob Haibbüel und Mättelganda, bia, wia amal Aina=n usgrächnät heb, bm Schäschäplanaspitz an Höhi nu um vierhundertsächsasächzg Schua zrugg snend. — „Im Schwnzertoor", erzellt Happ nah ara frischa Pfnssa asa schüblenda wnter, „chamm ma stückwysch guat gah; schüüch¹ is nu an aim Ort; dört muaß ma fnli chlättärä. Das ma=n aber dörta hofeli hinderschi und fürschi cha, wia a Tail tüend und bbrallend², ist denn doch a chaiba Lugi, suß hettend b'Schuderscher, — irrna füüf olb sächs Maa sind's gsi — ja nid as utonderlis³ Alpchessi härä bbrunga. — Lang is sit mnr Chüarig⁴, aber notta sehnba mi in Truusa au hüt noch überal zrächt wia im aigna Hosasack, und all Traja⁵ sund i jetz no mid verbundna=n Auga. A prächtägi Waid heb's asia in Vazipp⁶ gha und aini dr hübsta=n und besta Sümmergä für bs Galtveh ist albig Gaprif⁷ gsi. A wilba Tüügger ist dr Schaafbärg, stückwysch is a barra Choga⁸, was schoo bi Alta grüßt hend, suß hettendsch' da beeba Syta, bür bia a Chrinna=n⁹ ufgaib, nid derra karjosa und lächergä Nemma=n usbatrocha¹⁰. Zar sälbä Znt hann i an ubenbagi Chraft gha und Kaina heb mer im Häägglä=n aswas aahah möga. Im Hurrischlah¹¹ bin i albig Maister gsi; Kaina heb b'Hurri=Ell¹² so schwinga chönna wia Vazolis=Chaschpi. Rächt Sürr heb's ggeh in dr Luft und Tätsch heb dr Hurri in b'Schindla tah, basch' asia zersprunga=n und b'Stück dvaa wnt usgfloga sind. Amal is mr aber birra berraga Hürrnig chaiba liaberli gganga=n und wer i sa grüß as hailig in bs Tüfelsch Chuchi choo, wenn mi nid Seckelmaister Jörtschi¹³ ab Ggrupp, bi demm i wägä=n aswas bsundera Dianst va früer gär aparti

---

¹ gefahrvoll ² prahlen ³ groß ⁴ Kuhhirtschaft ⁵ Kuhweg ⁶ Weidplatz in der Alp Drusa ⁷ Weidgebiet in Drusa ⁸ unfruchtbar ⁹ Einschnitt ¹⁰ belegen ¹¹ das bernische Hurnitzen, ländliches Spiel ¹² Stock, mit dem die Hurri, einer Strumpfkugel ähnlich, geschlagen wird ¹³ Georg.

guat aa gſi bi, uußergglüpft hetti. A verzwickta Buab — aswas tüüggers Wundernaſa — iſt mr nemmli im grööſta Schlah binna hinberwärtlägä¹ ſo in ba Straich choo, baß 'r bür bi erſchröckäli reeß Flättärä=n² aswia a Stuck Holz an ba Boba=n uskyt iſt. Gruuſig hamm mer gfürcht, är chönnti nümma=n ufſtah, aber za mym grooßa Glück is bua notta beſſer gganga=n, as Alls gmaint heb.

Nu Jörtſchiſch z'Beſtreba hann i's z'verbanka gha, baß i bim Buaßagricht ohni Straaf looß choo bi; an Anbera hetti's ſicher und gwüß füüf Pfund³ gkoſtat.

Im ſälbä Herbſt, as i amal ga Pußarai v z'ama Maitli z'Hengert bi, hemm mer birra Schyterbiga vor'm Huus nu Vier paßat, bia 's bruuf abgſeh gha henb, my tuuſig und varmalabyt abzwigſa. Dia ſind aber ſchlächt awäckchoo, harrje y, wia! Aina hann i mid ama Zuſtäckä z'Boba gſchlaga, an Anbera heb va mym utonberlaha Batſchiering⁴ uf bs Muul a wätters Muſchala=n⁵ überchoo, baß 'r ärbſellig⁶ worba=n iſt, und Zwaina, wa zletſt noch aswia b'Läua⁷ über mi baar henb wella⁸, hann i bi Grinba ſo zemmaplütſchat, baß rächt tönt heb. Va bua a hann i guati Wyti⁹ gha; Kaina heb's meh glüſt, mi mer azbinba. Daß i a ſötti Chraft gha ha, nümmt mi aigentli gär nib Wunder; wemm ma guat gnärſät iſt und berra guata Sümmerli heb, chamm ma's ſchoo z'ama Heerögſchi¹⁰ bringa. Tatſch und Suuſa heb Niemat aſo guat gmachat aswia Chriſta Willi, my Senn, und b'Arbet iſt gär ringi gſi. Dm arma Chriſta tüend bi Zend ſchoo lang nümma ſuuſa; as paar Jahr bernah, ama Samſtig, brezys wa ſch' im Turra z'Schierſch zam Fyrabatlüüta=n azoga henb, iſt 'r im Schraatobl ima teuſa Cheſſel ertrunka. In br Abſicht, vor ama Haſt¹¹ a lenga Trümmel¹² abanandera zſchroota¹³, iſt bi ganz Kammebi lebig gganga, är iſt underchoo und vam Maa heb ma nüb meh

¹ von hinten ² berber Streich ³ 1 Pfund = 2 Franken ⁴ Schlagring
⁵ Maulſchelle ⁶ lahmgelegt ⁷ Löwen ⁸ losziehen ⁹ Raum, Frieden ¹⁰ Heer=
öchschen = ſtarker Menſch ¹¹ kreuz und quer liegende Holzmaſſe im engen Flußbett ¹² Holzſtück ¹³ zerſpalten.

gseh as an Arem, bär as Raisli¹ us ba Wällä in bi leer
Luft uusglenggt heb. Sa bick as i ana benka, gah nır b'Auga=n
über", schlüßt Happ schy Erzellig, und richtig, — as paar
Trena wia Bohna simm ma=n ahertrolat in bi Bartstuffla².

Persähra³=Hans, br jünger va ba zwai Seewaser, muaschi
um Happsch⁴ Muntasuner=Rais wacker interessiert gha hah, benn
wia au all Anber bi br Sach sy henb möga, sa heb 'r boch
am allermaista=n ufpaßat, — erger aswia a Häftlimacher.

"D'Chünti vam Schwyzertoor uswärts über Schäschäplana,
Alpstai, Panüelerschrofa, Mättelgraab, Tschingel bis zam grawa
Spitz uf beebna Syta, bennat wia hajennat, chenn er wia nib
lycht Aina", tuab schi Hans as bitschi starch bbrüema. Was
hinber ba bry Türra, überhopt hinber ba Truusnersflüe liggi,
haj er bis hüt nia gwüßt; amal müeß 'r boch au in bi sälbä
Revieri, ga=n as bitschi ummerwünderla. Är sy, wia ba schy
Gammarab, Maister Enberli, wüßi, aina br verwägensta
Gamsjeger, bär all Jahr meh as as Totzet Tiar⁵ zemma=
chlepfi. Dr groß unb staialt Pikarby⁶=Bock, benm noch
Kaina=n uf Schutzbiji⁷ choo sy, haj er am letsta Za=Ggallatig⁸
binna=n ufm höha Zagettis⁹, nib wyt vam Faburfürggli, hinber
ama Schrofa¹⁰ türnat¹¹. Äs bsunberbars Gsell müeß 'r über=
hopt albig unb je gha hah, benn mib br Muntasuner=Grenza
haj er 's nia grab aparti gnau gnuh unb mib ba Tiar van
überbennat natürli au nib. Notta sy ma nia aswas Ugrabsch
passiert, albig unb überal sy er guat gschlossa.

Fryli, schlächt gnuag hetta's ma gah chönna, wenn er ama
Finanzer¹² olb suß ba Muntasuner=Jeger in b'Henb glossa
we, aber är hai b'Mügg unb b'Tügg va benna Kärli schoo
kennt unb sy Allna zemma z'listig gsi. Nahanb sy er afa so
erfrächät, baß 'r schi wyter ab gwagat hai, ab in bs Bäräloch,
zam Hirzabab¹³ unb zam Spuusagang¹⁴.

¹einen Augenblick ²Bartstoppeln ³Dorsteil in Seewis ⁴Kaspars
⁵Gemstier ⁶Gebirgspartie ⁷Schußnähe ⁸St. Gallustag ⁹Gebirgsstock
¹⁰zerklüftete Felspartie ¹¹fällen ¹²Finanzwächter, Grenzaufseher ¹³kleiner
See ¹⁴steile Bergwand jenseits der Schweizergrenze.

„Spuusagang? A karjosa Namma! Va was mag bär härāchoo?" Dietāga=n is, bär bia Frag an Hans gstellt heb.

„Das sy a laibi schühi Syla=n überbennat im Solarüel=thäli[1], bür bia amal a Brättigäuer as hübs Muntafuner= Maitli überhārā gflōchnat hah söll", luutet Hansa=n Uskumpft.

„As Stückli müeßi baas schoo gsi sy, wa va ba Hütāgä schwerli Aina nahmacha teti. An alta Jeger haima=n amal usm Pa= nüelerschrofa bobna bi ganz Gschicht erzellt, aber a Tail bervaa chönnt 'r nümma gnau uswenbig. Wenn 'r schi nib irri, sa hai br Jeger bi ganz Histori aswaa usgschribni. D'Wucha bür müeß 'r wellawäg as Tagsch in pressanta Gschäfti ga Seewis büra; denn well er bi bemm Maa Nahfrag halta, und für ba Fall, ascha's gärä hajenb, chönn er am nechsta Sunntig z'Nacht, wemm ma bis bar noch läbi und gsund sy, bi Gschichti zam Besta geh."

„Ei ja, bbitti!" rüefend Zwai, Dri uf aimal und Fribli, bär noch gär nüb schleeferät, tuab vor Fräud a Zabl und lahd aswas a Rähgg ab, wa au as as Yverstentniß gältä heb sölla. — Wia lang asch' au asa bi anandara ghockat und tätschat henb, sa tuab schi boch noch Kaina gatrua, ättäs va Gah z'sägä und br unberhaltlig Hengert z'zerzüüha[2], im Gägätail, bs Schmäuka chunnb bür a nüi Pjüllata nochamal in ba höchst Floribus und Där waiß baas und br Anber heb ättäs Bsun= bersch uf bi Voor z'bringa[3]. Au bi Zytlauf chommenb nahanb uf bs Tapeet, und b'Altzyt wia b'Nüzyt, b'Vorfahra und b'Nahchomma, müeßenb as Wyli härheba.

„Früejer", maint Välti[4] ab Palwysch[5], as altvatterisches und chybigs Mennbli, mib ama blaaterstüpfaga Gsicht, azluaga filla wia as zerhaglats Chruubbblatt, „hai Alls tuusig Mal bi besser Gattig gha as jetza; ma hai aifacher und gottseläger gläbt, nib a sötta Staat gmachat und nib bür all tüfels Fineßa=n anandara so bschissa=n und batroga, anandera=n au

---
[1] zu Montavon gehörend [2] bie Abenbunterhaltung einstellen [3] in Be= sprechung ziehen [4] Valentin [5] Wiesengründe am Stelserberg.

nib so bs Wyßa=n in ba=n Auga vergunnat[1], wia 's hütigs Tagsch geng und gäb sy. Dervoor hai's nib ghaißa: „Oba=n=uus und Niena=n=aa." Was ma tah hai, sy tah gsi, und was ma grebt hai, sy grebt gsi! Dr jung Läcker hai nib chönnenbhafter[2] sy wella=n as br Ätti, br gmai Maa hai b'Obrikeit gestimiert und nüb bägärrt bs Schmalz über Alls abzbrenna[3] und in Alls y z'graagga[4], was na wäber va Huut noch Haar aswas agganga sy. Wahy ma chemmi, wemm ma=n am lätzä Tromm züühi, sy gwüß balb errata, amal za Glück und Sägä süeri Sötts nib, — baas wüß er, är stanbi guat ber= süür!"

Di baiba Seewaser, bia meh as nu Chriesi äsiä henb chönna und wyter gieh henb as nu bis zar Stubatür, tüenb bi Valtintschisch[5] Güß[6] schmöllala[7] und aina gib bam anbera so as haimlis Schgüffli[8]. „Was saist bu berzua, Maister Enberli[9]?" lächlät Hans as bitschi böschärtig, bär bruf usgaib, bm alta Nawerli[10] ais uf b'Niß geh[11] z'lah. — Enberli lahb a Huast und maint:

*) „I bi nib lang uf'm Troggl[12], was i bruuf z'sägä ha. Noh ba Prottikool und uralta Schrifta, wo i vor Johra=n as Schryber bick und vyl bürnüstera und bürnüela[13] ha müesa, chönnt i bemm guata Fründ bo nib in alla Taila Rächt gih.

In ettas Sacha mag 'r nib ganz Urächt hah, und y bin br Letst, über bi Alta=n ahazhaka[14]. Anberi Zyta — anberi Brüüch! Wia b'Verhältniß — so br Mentsch!

D'Nüzyt z'verschimpfiera=n und ahazmacha hät schu Salamo nib guat ghaißa, suß hett er nib gschriba: „Frog nib, worum sinb bi srüera Taga besser gsy as bi hütägä?" Ettas Derrigs z'froga, wer nüb Gschybs! Di Alta sinb jierna Tail gsy und

---

[1] ben Neib auf die Spitze treiben [2] intelligent [3] alles befritteln [4] einmischen [5] Valentinchens [6] Ergüsse, Ansichten [7] lächeln [8] schwacher Ellenbogenstoß [9] Andreas [10] Griesgram [11] zum Schweigen bringen [12] im Zweifel [13] burchstöbern [14] schimpfen.

*) Enberli's Rebe im Seewiser Dialekt.

henb au jierna Tail ghah. J waiß amol Aina, wo 's noh
überläbtä Zuaſtenb, bia, waiß Gott wia guat verby ſinb, nib
bs Gringſta glüſta chönnti.

Denka mer nu an bi ewaga Schlegarija, bi benna ſi mib
Chöttihemmer, Pfüdr[1] unb alla wüeſta=n Urwehrana[2] an-
anbera zerplütſchet[3] unb b'Grinba ygſchlaga, ober ananbera
mib Mäſſer gruuſig unb erſchröckäli zuagricht henb; benn au
an bi laiba Ggrampööl unb Karjemmel[4], wo 's zua= unb här=
gganga=n iſt, bm Tüügger hetti's brob nib lützel gruuſa
müeſa; macha mer b'Viſitaziu i mengem Gmaiwäſä, in bena
glichgältig unb uchönnenb Vorſteher am Ruaber gſy ſinb, bia
vom Regiera ſo vyl verſtanba henb, us a Chua vo ra Muſchgr-
nuß, bia Als la hottara gluh henb, geng wia geng; tüe
mer a=n ainzigs Güggli in bs uerhört Partywäſä, wo nu
bi Brutaala unb Hanbfeſta überaal Hansobanuuf gſy ſinb,
in Allem bs Privilegi ghah unb b'Maiſterſchaibi gfüert henb:
i ſägä, tüe mer baas, ſo hemm mer gnuag bis an bs Hals=
zäpfli uufa unb verguh tuab nis bs Rawa=n unb bs Gätyr[5]
noh Zyta, bia a verſtenbaga Mentſch liaber bört loht, wo ſi
ſinb — in br Vergangaheit!"

„Jier henb as guats Munbſtuck, aber kais gwäſchäs, ſuß
tetenb 'r nib aſo über b'Schnuar haua", ſchgeiſarät Bälti,
ſugsbrinnenbrota vor Täubi; „Jier tüenb, wia i merka ha möga,
gärä chikla[6] unb henb's bruuf abgſeh, aim bi göttli Warhet
friſch unb frank im Hals z'erſtecka. J liaßa mer au Schünnmel
unb Plaß ſägä, wenn nu br zehenb Tail richtig iſt, was 'r
vorhi zemmabbrablat[7] henb."

„Nu nib ſo ufgrumnta[8]!" unberbricht na Dietäga, „bi
beſta Henbl ſinb kai Schutz Pulver wärb. Wenn gſchyber Lüüt
rebenb as i unb bu ſinb, ſtaib's nib wohl aa, albig bry=
zſchnaagga[9]; mer ſinb zam Tiſchgariera zemmachoo, nib zam
Stückla[10] unb zam Chrißa[11]. Maiſter Enberli ſchynt bläsner

---

[1] Markenpfähle [2] plumpe Wehre [3] mit wuchtigen Schlägen traktiren
[4] Wirrwarr [5] langweiliges Klagen [6] veriren [7] zuſammenſchwatzen [8] unver=
träglich, zornig [9] unbefugt breinreben [10] Händelſuchen [11] hartnäckiges Zanken.

und erfahrner z'sy, as Lüüt va=n ünscher Gattig, söol hann i schoo gseh. — Werist du, — ä Botz, verzüüha mer, daß i=n J tuuzat statt ggeehrat ha, — Maister, werend 'r sa guat, nisch Gnauersch z'sägä über b'Lüütverbrennig im Brättägä, va berra=n i früejer dick ättäs ghört ha böna. J möchti amal für sicher und wahr dr Sach uf da Grund choo; was ist aigentli braa an demm Gsääg und was nib?"

*) „Aha! Jier füera mi bo noch uf a bsunders Kapitel, — uf b'Härägrichter — bia i vergässä han aazgih und bia au in di guat alt Zyt y ghörend", saib Enderli. „J wais es aber nib, ob's es noch gih mag, di ganz Gschicht fürzbringa", machat 'r so halba under dr Stimm, wil 'r am Brusttuach aswas ummer=nobarat [1], um a schyr möschana [2] Ggalotta [3] z'luaga, wia spaat as sy.

„J tuusig Fätzä, halbi Ölsi hemm mer! Für hüt isch uus mib bs Ehnis Hans [4], mer müesend trachta, nis jetz underzmacha [5], sa möga mer am Morgend zytli ufstuh. Wil mer b'Uftrüllata [6] für nis hend, würd's an übelzytaga [7] Tag gih; drum isch besser, mer tüeend dr Hengert zerzüüha. Am nächstä Sunntig Obend, wenn mi Gammarad sy „Spuusa=gang" zum Besta gih will, söllend 'r Alls erfahra, was i über b'Häräkammedi [8] waiß, und wärli, was 'r z'ghöra chönnd, ist gruusig zam Hennahuuta [9]."

Dietäga babankt schi guater Gsellschest und hoffat, daß bs Verhaißna, uf baas 'r verbahlisch plangi, zar Usfüerig chemmi.

Välti ist ganz erstillat und aswia truppa [10], heb, as ob er schi schammti, über b'Nasa=n abgluagat nud bs Äsärä [11] bi Bitz und bi Fätzä vergässä.

---

*) Enderlis Rede im Seewiser Dialekt.

[1] herumzerren [2] messingen [3] Uhr älteren Datums [4] Redensart = Alles zu Ende [5] zu Bette gehen [6] Aufbauen der Stallwandungen [7] streng, mühsam [8] Herenwesen [9] Gänsehaut bekommen [10] niedergeschlagen [11] Gifteln.

"Hüt hemm mer doch an unberhaltlaha=n Abet gha wia nib lycht amal aina", mainend sozjägä=n All, wil sch', nahbemm sch' b'Äschä=n us ba Pfyssa gklopfat gha hend, mib ama "Guatnachtgäbigott" zar Hüttatür uusstaaflend, um denn gschwind usanandera z'gah, — bi Aina ba uus und bi Andera bört uus — ga Moora suaha[1]! —

---

[1] den Morgen suchen = schlafen gehen.

Die Hexengerichte im Prättigau.

Kulturhistorische Skizze aus dem 17. Jahrhundert*).

(Dialekt: Seewis.)

———

Schwarzi Pletter hät's unber ba Grichtsprottikool vom Johr sächzähähunbertzwaiafüfzg uf sächzähähunbert und sächzg, gschriba mib Mentschabluat und trüchnet mib Härä=n=Aschä, im sälbä Träffä¹ bs billagift Schrybsand.

D'Hoor simm mer z'Bärg gstanba, wo=n i an alti Gschrift unber b'Henb überchuu ha, bia my Lazainer Ururehni vor Zyta, z'Afangs vom vorragä Johrhundert uufgsetzt und mier, sym Pfuch=Ehnakli² und sym Nohgnannta³, mib der Beding= nuß überluh hät, bi Pletter guat z'kalta, daß si nid z'Grund gengend, wil si a Spiagel syend, in bem ma gsähi, zu was br Aberglauba füeri und wia wyt aha — tüüf unber bs Vier= bainig — br Mentsch chu chönni.

In basälbnä Johr — haißt's in br Gschrift — syend in ba bri Brättäger=Gricht a guat Tail über hundert Persuna gfoltarat, gmartarat, gköpft und varbrennt worba, wil si Härä und Härämaistera sy henb sölla.

Sind aswo amol ama Morgend zwai Hopt Väh in ainer Chötti ghangat; hät aswo a Suu b'Färli⁴ erbissa, a Höptli nid fräffä wella; ift au fuß ima Huus etschas Ugrabs los gsy, wia zum Bispyl: hetti a Chind nid gsuga, wer Ais vom Toggi⁵

---

*) Authentisch. Aus hinterlassenen Handschriften eines Prätti= gauer Landammanns aus dem ersten Decennium des XVIII. Jahr= hunderts, zusammengestellt und ergänzt vom Verfasser.

¹ Zur selben Zeit ² Ururenkel ³ Namensträger ⁴ Ferkel ⁵ der Alp.

trucft worba, würti an Anbers bs Yfallenba¹ überchu hah,
sa=n ist bs gmai Volch in syner Strautümmi² um an Ursach
nla in Verlägäheit gsy. Gschwind hät's ghaißa: D'Härä hen's
tua; bär ist a Härämaister, är ist a Schiliggugg³ unb hät a
bösa Blick; Dia unb Disi tuenb über alli heers erwagi Lüüti⁴
härälä, si henb rinnenbi Auga, schälbi⁵ Müüler, Moosa⁶ in
ba Pagga, a schlychenbs Gangwärch. Nib umasuß sin si zu
berr unb berr Zyt mib ara lächergä Zanna⁷ bim Huus unb
bim Stall verbygschlääggät⁸; nib um vergäbes in b'Stuba
chu aswia yhagschnyt; si henb chu müesa, si henb woll grwüßt,
worum! Warten nu, benna wemm mer uf ba Tugg chu⁹, bia
wemm mer schu fasana¹⁰, benna wemm mer tschetza¹¹, baß
Zierhaißt¹², — aisach in bs Füür mitna; br Arbboba söll a
söttagi Waar nümma trägä, Niemat tarf mit Söttagna meh
etschas z'tua hah.

Das Gschyba wia bas Tumma, bas Gsunba wia bas
Brästhafta, bas Nycha wia bas Arma, bi Hübschist wia bi
Laibist, bi starch Ronna wia bas aremselagist Zumpali¹³: Alls
hät braglauba müesa, was in ba verzwyslat Härägstank chu ist;
uf kai Flüheli Arbärmist hät a Söttigs meh rächnä törfa.
Ds Härärwärch sy gär a verborgni Sach, ist styff unb fest
bhauptat worba. Dia Lüüt, wo gärä z'Chilcha guh tüeenb
unb abächtig bättenb, bia, wo yzoga, küüsch unb ehrbar läbenb,
bi Agsächnestä, Flyßigstä unb bi Vbrüemtestä: Alli bia synenb
z'allerehanbist in br Härägsfohr, in benna tüa br Tüfel z'aller=
liabst unb z'allererst sy Eier usbruata.

Wia mengs arems Taascheli¹⁴, wia mengs prästhafts
Tricheli¹⁵ hät müesa=n ufgaista unber br Folter, verbrinna=n
ufm Schyterhuufa, verblüeta=n unberm Richtschwärt, unb benkt
ma=n au unber tuusig hunbert Gottswilla, wägä nüb unb aber

---

¹ bas fallenbe Weh, Epilepsie ² Strohbummheit ³ Schielenber ⁴ auf alle
weite Ferne ⁵ schief ⁶ Flecken ⁷ Miene, Aussehen ⁸ schwerfällig gehen
⁹ burchschauen ¹⁰ fassen ¹¹ züchtigen ¹² baß es eine Art hat ¹³ kleine Frauens=
person ¹⁴ kleine unbeholfene Frauensperson ¹⁵ Schwächliche.

nüb — ganz und gär uschuldig! — Jrra=n= ober Narrahüüſer hät ma ſo kaini bbruucht, zu was denn au? Söttagna, wo im Chopf nid rächt gſy ſind, oder etſcha=n a Sporra z'vyl ghah henb, hät ma zu Obbach und Underſchlauf verholfa noh ara=n aiſacha, churza und wohlfaila Metoba: — „Dr Chehrab= macha [1]."

Anna ſächzähähundertfüfafüfzg bis z'Allerhailaga — nid amol vollkomma=n a Johr — ſind nu im Chaſtelſergricht Viera= zwenzgi bür Füür und Schwärt hygricht worba und derzua iſt noch z'zella bs Härä=Torti [2] us Sant=Atönja, das bs Tor= turiera nid hät überhaua [3] möga und grab bim Ufzüha=n am Folterſail verſchaiba=n iſt.

Muaß aim nid filla bs Härrz im Lyb erchaalta, wemm ma ſi zruckbſinnt in bia Zyta vo ſöttaga Grüel und Ugrächti= keita, wo b'Uvernumpft und b'Ruchlööſi bi erſt Giga gſpillt henb? Muaß ma ſi nid verwunbara, baß ſi br Ärbboba nid offa tua hät, um bia z'verſchlucka, wo us baarer Hüchely, us Bosheit und Eiganuß gega bi hailaga Mentſcharächti gfrävlät und ſi as willagi Wärchzüg zu ſöttager Bluatarbet bruucha luh henb? Worum iſt b'Obrikeit nid ſövl gſy, bemm wiber= ſinnaga Tryba abzhälfä? Hät's kai yſichtig Menner ggih, bia bs gmai Volch z'balehra chu werend bür Reeb und guats Biſpyl? D'Gegawart, bia derra Froga tuat, ſi hät, wenn ſi über bi Altzyt au noch ſa ſtreng richtet und urtailt, notta ſövl Grächtikeitsſinn und Jſicht, baß ſi inera=n upartyeſcha Wys und Art alli Urſacha z'argründa ſuacht, bia z'maiſta b'Schuld gſy ſind an br buazmolaga Bagriffsverwirrig und an ba miſerablaga=n Uswügs im religiöja wia im politaſcha Läbä. D'Lüüt vom ſibazähätä Johrhundert henb an anbera Ellſtäckä bbruucht, as bia vo br Nüzyt, um z'mäßä bs Guata=n und bs Böſa; ſi ſind noch nid ſa wyt vorgſchritta gſy wia mier; ſi ſind eba ſo gſy, wia b'Verhältnuß ſi gfürmet henb, denn br Mentſch goht albig mib ſyner Zyt, bia ſym Tua und Luh bs

---

[1] Töten [2] Dorothea [3] überbauern.

Pitſchaft uftruckt. Fryli hät's je und albig au Söttagi ghah, wo jierna Zytgnoßa uf'm gaiſtaga Gabiet a großa Stuck fürzlaufa chu ſind, aber, wia's Zyt bruucht, bis br Hefl[1] b'Taigmaſſa z'Guh[2] bringt, oder bis bs Soomachörali zam Erinna chunnt, ſo hät's au albig Zyt berzua bbrucht, bis a höhari gaiſtagi Ybee in und bür bs Volch trunga=n iſt u ma ſägä hät chönna, ſi iſt in Flaiſch und Bluat überganga. —

Dür b'Chriaga, Peſt und Tüürana, überhopt bür böſi Zyta, ſind b'Lüüt vo buazmola natürli rüher worba; vo Schuala, bia dr Champf mib alta Vorurteil und mib dm Aberglauba=n uſnih hettend chönna, hät ma ſozſägä nüb grüßt. Muaß aim aigentli noch Wunder nih, wenn's buazmola nid beſſer usgſähä hät, wenn Sacha fürchu ſind, bia mer hütigs Tags nid bagryfa chönnd? Würt dr Acher nia gjättä[3], wo blybend benn b'Frücht? Würd 'r nid älengarimeh erwuaſta und zletſt am End nüb meh anders trägä=n as baars Uchruut? Chamm ma vo ma uzwyata Bomm bs glych guat Obs ar= warta, wia vom zwyata[4]? Nai ſchwärli! — So iſt bs Bild vom Acher, im gaiſtaga Sinn ufgfaſſat, au bs Bild vom Volch im Ganza=n und Großa. —

Zur Zyt br Härägrichter hät's in ba=n Obrikeita=n au noch chärähaft und gſchyd Menner ghah, bi kai Bblatt für bs Muul gnuh hend, um jierna Mainig fry uuſazſägä=n und ab= zwehra, wenn b'Mehrheit z'wyt ganga=n iſt, aber, was hen ſi welle macha in demm verzwyflata Düranandera, wo nu bi lüütaſta Brüller für bi beſta Volksverträtter ggolta hend?

Landamma=n und Gſchworna ſind ganz und gär vom Volch abghangat; ſin ſi demm nid z'Willa gſy, und hen ſi nid noh br allgmaina Pfyſſa wella tanza, ſa hät ma ſi an br nächſtä Bſatzig aiſach numma gwählt und hät derfüür Derra gnuh, bi benna b'Härä nib in Hulbi gſy ſind.

Daß mer's mib Tatſacha z'tua hend un nib mib Erfin=

---

[1] die Hefe [2] in Gährung [3] ausreuten [4] veredelt.

baga, chömm mer gsähä am Chaftelfergricht vom Johr sächzähähunbertundfüfafüfzg.

Zur sälbä Zyt ist bs Gricht zemmagsetzt gsy us: Paulas vo Valär vo Fiberis, as regierenda Landamma; und us da Gschworna: „Amma Hans Jookem Valär und Peter Grest vo Jenatz; Gummisari Johannes Sprächer und Amma Hans Lorient vo Lazai; Hans Janett und Christa Tarnutzer vo Fiberis; Hans Rieder und Chlos Bärtsch ab Furna; Enderli Salzgäber vo br Buacha; Hans Fient vo Putz; Jööri Engel vo Pany; Valty Flütsch und Christa Turnes us Sant Atönja."

Ds gnamsat Gricht hät im Churzmunat bri Wybavölcher yzoga und ais brou, a Panyeri, noh'm Bchenna, hyrichta luh. Di anbara Zwai, bs ainä=n a gwüßni Deplano vo Fiberis, und bas anbara=n a Jenatzeri, hät ma, wil sit uchanntli bbliba sind, widerum la lausa. Druf ab natürli a gruusigs Gabrümmel und a laibs Gatüe im gmaina Volch, daß b'Gschworna=n in kaina Schua meh guat syend, und baß Ends Abarella, an br nächstä Bsatzig z'Lazai binna, bi Widerhärägä=n usm Gricht gschmaizt wärbä müesend, um brgega=n Anber yzmehra, bia meh brushalta tüeend, bi Tüfelsbruat bi Bitz und bi Fätzä=n uuszrüüta. Da Gschworna, wo wägem guat Ässä=n und Trinka und wackara Salari bi br letsta Prozebur nib für Lebigluh gstimmt hend, ist b'Uzfribni vom gmaina Volch nu Wasser uf b'Mülli gsy und statt abzwehra, hen si nu noch albig gstupft, bis zu bemm chu ist, was si eba hend wella. Für bi uzfriba Part ist b'Lazainer Landsgmai notta nib egschtra guat abgloffa, benn nu br Landamma Paulas Valär und Gschworna Christa Tarnutzer vo Fiberis hend abträttä müesa, bi übergä Richter sind alli bstätät worda.

Für bi Uständtä sind gmehrat chu: Jookem Sprächer vo Lazai, as Landamma; und Seckelmaister Hansi Frid vo Jenatz, as Gschworna.

Für amol und ainstwyla ist bs Gricht widerum zemmagsetzt und gsichert gsy, bs enger Vatterland hät rüebig sy törfa, aber b'Härä, bia hend br Schlotter überchu wia noch gār nia, benn bs nū Gricht hāt vo br Gmai uus bi ſtreng Kunzina ghah, gega bs Tüfelswärch br Härä mib aller Scherfi nzſchrnta. Das iſt benn au ſo gſchähä; b'Richter henb nümma vvl Fläberläſis gmachat mib ba ygſpehrta Härä und ſi hen's im Torturiera würkli ſa wyt bbrunga, baß br Tüfel ſälber nib wnter z'bringa chu wer.

Ds Verfahra bim Foltara, um bs Bchenntniß uuſazpreßa, iſt gār gruuſig gſy und ma möchti hütigs Tags nib mib Urächt maina, baß b'Richter und b'Folterchnächtä=n underm lingga Bruſttuachtail a gforni Räbä=n ober an Äpiera ghah hettend, ſtatt a fühlends Mentſchahärrz.

Bi ma jeba Gfangna henb zwai Göhmer¹ ſy müeſa und benn ſind noch zwai Gſchworna ober ber Amma z'aller Zyt bi Tag und bi Nacht, wia's na=n etſcha gliabet hāt, chu und gganga. All tüfels Sacha, wo nu z'erſinna gſy ſind, henb bia Kärli bs Ygſpehrta gfrogat und berby bi aller= wüeſtaſta Schältwort bbruucht, wia etta: „Bchenn, bu tonbers Här! Sāg uußa, bu iſamms Gſchüch², wo ſind 'r zum Tanz zemmachu? Wär iſt noch meh berby gſy? Du miſerablagi Kanaſtara, ſaiſt nis b'Worrhet, ſa=n iſch woll und guat, wo nib, wemm mer br b'Ggoſcha³ ſchu offa tua, bait nu!" — Iſt ma ſo an kai Bort und Zyl chu, ſa hāt ma b'Folter agwendt und ſi älengari ſchwärer gmachat, je nohbemm b'Um= ſtend gſy ſind. D'Handſchrift git ganz gnaui Uskumpft über b'Metoba, noh berra ma verfahra=n iſt.

Di Gfanga würt ufghenkt an bs Folterſail, bis ſi filla ſtärbä muaß. Dernoh nümmt ma ſi aha, lait ſi uf a Totſch⁴ und rüetlat ſi uf ba boſa Nugga, bis bs Bluat zannat. Denn git mera=n aswiavyl z'Äſſä, höckt ſi mib bm blooßa Hindara gwünli uf a nügſaagats nibers Tütſchi⁵, ſpehrt ara b'Füeß mib zwai Hölzer — bia ma Chluppa tauft gha hāt und bia an Erſinbig vo ma=n ihaimaſcha gſtubierta Heer gſy ſind

---

¹ Gefängnißwärter   ² Vogelſcheuche   ³ Maul   ⁴ niederes Holzſtück
⁵ Sägeblock.

— dri Schua wyt usanandera und bindt mid ama Strick d'Chnü
sa vyl und sa hert zemma, us ma nu züha mag. Im glycha
Trässä schnüert ma na d'Hend uf da Rugga, verbindt na ds
Gsicht mid ama brisacha Tuach, und loht si so hocka vier bis
sächs und acht bis nüü Stund, überhopt sa lang, bis na so
schlächt würt, daß si kai Stich meh gsiend und ghörend und
si wia d'Mugga=n umfalla tüend. D'Göhmer, oder d'Henker=
chnächtä, henb d'Kunzina, di arma Gschierer[1] nia schlofa z'luh,
und so tüen sa si albig und an aim entaga Tromm stupfa,
stächä=n und schlaha mid Stäckä, gspickt mid langa, spitzaga=n
und scharfa Gardtysa=n oder Niata. Uhni Bchenntniß würt
albig wyter gfahra und d'Folter bis uf ds Üßersta=n uus
schwärer gmachat. Ma henkt ds Gmartarata mid da Chluppa
oder uhni Chluppa an ds Sail, bindt na zwaiazwenzg bis
vierazwenzg Chrinna schwäri Staina=n an b'Füeß, loht si aso
hanga oder zücht si am Fläschäzuug uuf und ab, bis b'Glaich[2]
chrachend und d'Gliber di rächt Form verlüürend.

Uhni Parbu würt's aso triba, bis ma hät, was ma will.
Vyl hend Etschas usgsait, nu um dr Marter abzchu. Wia
vyl Rähgg vo Schmärzä=n und Verzwyflig, dürtringend dür
Marg und Bai, sind in ba vier Gwätt vo da Foltergmächer
und Chemmata=n[3] usgstoßa worba! „Oh, du my Gott! y
mag's gruß nümma=n erlyda, y cha's nümma=n ushalta, das
goht asa=n über alli Pfacht! Um Gottes und ds liaba Hailanda
Willa tuan i üh bättä, mer graggär dr Chehr abzmacha, sa
muas i nid miar sälber und Anderna schwärs Urächt atua.
Ei bbitti, bbitti, hörend uuf, y will in Allem channtli sy."

Ja, ja, wenn b'Muurstaina=n in ba Folterchemmata
reba=n und erzella chönntend, was börta=n asia sürgganga=n
ist, b'Ohra müeßta mer verheba, stockübel müeßt 's nis wärdä!

Gruusig karjosi Asichta hend b'Gschworna und ds gmai
Volch bim Torturiera=n an ba Tag glait.

---

[1] bebauernswerte Weibspersonen [2] Gelenke [3] Parterrelokal.

Ist br Gfangna vor Weh übel worba, hät's ghaißa: „Dr Tüfel atschläft si."

Bi Chinbsweha, ober bi ma Schlegli ist bs Gsääg gsy: „Dr Tüfel ist ara=n im Hals unb tuat si erwürga, wil 's ma=n utrüü worba=n ist unb bchenna wetti."

Bim Laugna: „Dr Tüfel lessa si nüüb sägä."

Bi ma=n ärgäbnä Gmüet, bas bchennt hät: „Si städät so volla Häxäry, baß br Saata nib Alls in era hinberhalta chann."

Bi Ulybagi unb gruusager Lammertyra: „Dr Tüfel pochat in era."

Bi karjosa Läch, bia nu vo ba schwacha unb graizta Närfa härächu sinb: „Dr laib wüest Schlitta hät's bigott wia bi chlaina Goosa: Rähggä=n unb Lacha ist zemmagabacha. A söttagi Begarata[1] ist nüb Anbers us bs Begara vom Bösa."

Henb bi arma Tröpfana Gott agrüest, jierna=n Uschulb an ba Tag z'bringa, jierna z'hälfä un na gnebig unb barm= härzig z'sy, hen si um Jesu Christi Willa an ba Henker aghalta, baß si 's jetza guat la sy unb nib noch Meh uglückli macha söllenb, ist b'Saag gganga: „Eba=n aso tüenb b'Häxä, besser wenb si sy, as anber rächt Lüüt, unb ist notta nu bi baar löötig Hüchely hinber na."

D'Henkerchnächtä, maistens abgseimti tonbers Kärli, henb all tüfels Rick unb Tügg bbruucht, b'Sach aso barztua, as ob si vom gmaina Volch noch egschtra berzua aagwaiggt[2] wärbä müeßtenb, wacker sortzfahra=n im gottgfellaga Hanbwärch, bi bemm si wenig Nutza, berfür aber uverschammt vyl Gschärry hajenb.

Wenn si nib uf ba=n aigna Vortel luagenb unb nu für bs Allgmai schaffa müesenb, ghörana=n au Etschas, — Dank unb Byfall, suß möchtenb si si nümma ggährbätä[3] unb leeßtenb Alls la hocka.

---

[1] Neckern [2] bewegen, ermuntern [3] die Mühe nehmen.

Unber Anberm hen ſi au verluuta luh, nib an Dielis hai b'Gab, mib benna verſtockta Sünber ſo umzſpringa unb ſi ſo z'ſchuaringgla¹, daß ſi bchenna müeſend; bo müeſa ma meh chönna=n as nu Chrieſi äſſä, — as ſy überhopt a Chunſt und nib Jebermaa's Sach. Und was für a Bawantniß hät's mib berr Chunſt ghah? „Um bi Gſangna rächt ghörig abzhaua", hät bs abergläubiſch Volch ſo unber br Stimm bismerlat², „bruuchend b'Folterchnächtä nu bſunderi Ruata, bia ſi zu gwüßa Stunba·n in bs Böſa=n ober in bs Tüfels Namma bbrocha hajenb."

Chlagi bs Gmarterata über Durſt, ſa tüe ma na nib rächts gwünlis Waſſer aaputta, — as müeſi gwyhts Waſſer ſy. Dick tüe ma ſi bermib au nu ehgſa³; ma heba na bs Gſchier füür und wenn ſi benn trinka wellend, ſa rupfa ma na's widerum vom Muul awäck. Z'verhindera, daß b'Härä br Tüfel nib gſähä chönnend, tüe ma na=n au bs Gſicht mib Hubera verbinba und aſo ymacha, bis na faſt b'Schnuufi⁴ usgangi.

Daß bi ganz Härätammebi a Wyts und a Braits unber bs gmai Volch uschemmi und vo ba=n aiſchiera⁵ Lüüt nib nu glaubt, au rächt wacker zerchua=n⁶ und zertenglat wärbi, hend b'Reblifüerer vo benna Grüeltata benn und wenn au noch anber Perſuna zu ba Verhör bſtellt, mib bm Uftrag, vo Stund zu Stund uf b'Froga=n und b'Antworta=n Acht z'gih, um benn bernoh Alls mibananbera z'alla Syta=n us= zbriefa⁷ — gwünli noch mib ama wackara Trägerluh.

Dr Winter vo tuuſigſächshundertſüfaſüfzg uf ſächsäſüfzg iſt a grimmig chalta gſy und hät's bua a Wyli a Stillſtenbli ggih im Handwärch, ghaißa — „bi groß Härätöbi." — Di Gmartarata hend 's nemmli in br großa Chelti nümma=n erlyba möga, und benn hät's au a ſtarchi Minberheit ghah, bia ganz und gär gega bas alt Grichtsverfahra gſy iſt, wil's ubillig und rächtswidrig ſy und a upartyeſcha Maa ſi nümma zu ſöttaga Sacha bruucha luh chönni.

¹ ſcharf verfahren ² lispeln, flüſtern ³ zum Beſten halten ⁴ Athem ⁵ ein= fältig ⁶ zerkäuen ⁷ unter bie Leute bringen.

Aber bi Yferga henb glych nib lugg ggih und sind an a
Semmla, bis si ganz Ställ volla zemma z'bringa chu sind, in
dr Absicht und Mainig, in dr wermara Johrszyt Alls, was
versummt worba sy, zähäsach widerum yzhola.

Im Abarella sächzähähundertsächsafüfzg, a tschuppel Tag
vor dr Landsgmai, henb bi Yferga zwai armi Panner-Wybs-
bilber in bs Chefi¹ tua, bia benn bür bas nü Gricht ba
gschwinbawäg z'Hanba gnuh und verurtailt hettend wärbä sölla.

Ds nü Gricht, under br Landammaschaft vo Hans Janett
vo Fiberis, ist doch sövl gsy, bi Ai vo ba nüera Gsangna,
wil hochlybs², lebig z'luh und dr Zwaita, bia ma wägä
Ehrenklikeit nid starch gmartarat hät, b'Fryheit z'schenka.

In ba nächstä Johr hät si b'Azahl br ygspehrta-n und
gmürbta Härä ganz noh dr Macht und Sterchi vo beebna
Partya gricht; henb bi Yferga heer möga, so isch gär chrutig
zua- und härgganga; sind bi Ufgklärtä-n am Ruader gsy, sa
henb b'Lüüt widerum fröhlacher schnuufa törfa.

An ba Landsgmainba vo Fiberis, Anna sächzähähundert-
sächzg und an berra z'Lazai, Anna sächzähähundertainasächzg,
sind b'Jenatzer und b'Lazainer wacker hinderananbera chu, haupt-
sächli wägä br Landammaschaft und wägä br Azahl vo Bsetzer³,
bia 's uf bia ober bisi Gmai troffa hetti. Zum Ufsriba hät au
bär Umstand etschas byträgä, wil a Tail Gmainba mib ba
Härä vyl strenger verfahra henb wella-n us anderi. So hen
si benn Anna sächzähähundertzwaiasächzg, Agenbs Maja, bi
Gmainba vom ganza Chastelsergricht in zwai Halbgrichter tailt,
in bs ußer, ober bs Jenatzer, mib ba Gmainba „Jenatz,
Fiberis und Furna", und in bs innera, ober bs Lazainer, mib
ba Gmainba „Lazai, Pany, Putz, Buacha-n und Sant Atönja."

As wer grimmig guat und z'wüntscha gsy, wenn vo bua
aa bs Morgenbrot von ara bessara Zyt mib meh Mentschlikeit,
ryserer Ysicht und gsünberer Wältaaschauig ihazlüüchta chu wer
in b'Tünkli, bia sit sa vyla Johr stockbick ygläga-n ist z'Bärg

---

¹ Gefängnis ² in der Hoffnung ³ Wahlmänner.

und z'Tal. Ja, z'wüntscha wer's gsy, b'Lüüt hettend wenager
Liachtschüh, brfüür aber a bessers Aug und meh Gmaisinn
ghah; aber, was will ma sägä, — das Guata schrytet gwünli
nu im Schnäggäschritt fürwärts und chunnt um sa lychter in
b'Gfohr, im Champf mid dm Böja underligga z'müesa, wenn,
wia 's buazmola gsy ist, dr schwerzist Aberglauba mid dr
Muattermilch ygsuga würt und bi ganz Erzühig nu druuf us=
goht, das Nüa z'verchlainara un nu ds Alta=n as guat
und rächt darzstella. Daß ds gmai Volch vo alta Gwonnhete
nid gärä=n abloht und für b'Ernüergä schwär zuagengli ist,
waiß ma schu lang, das ist an alti Gschicht!

Wenn dr Häräsooma, bär gschwind noh sym Uusšäija
as wia a Bürsta zum Erinna[1] chu ist, nid uf dr Stell us
dr Art gschlaga hät, sa muaß ma si brob nid grab starch
verwundera.

Nid nu im sibazähätä, au noch agends vom achtzähätä
Johrhundert, hät b'Häräsaat hi und wider wacker in b'Ähär[2]
triba und das etta nid nu in da Chastelsergrichtsgmainba, au
im Vorder= und Hinberbrättägä.

As ist ja noch nid sa lang härä, sa hät ma z'Grüsch im
Challer vo dr Pfäffertrucka[3] Folterhääggä funda und ds
Glycha=n ist au z'Schiersch fürchu, wo ma bim Abbrächä vo ma
Huus ima tüfa laiba Loch bunna=n a ganzi Asmata Marter=
wärchzüg vo aller Gattig z'gsähä chu ist, — a luuts Zügniß
und a tüütlaha Bawys, daß au an benna=n Ort wia überaal
a Mentschaläbä nid vyl ggolta hät. Wia dr bös Gaist, gär
a bluatbürstaga Gammarab, au noch im achtzähätä Johrhundert
ahebig gsy ist und benn und wenn noch gmürdt hät, gjiat ma
gär tüütli us ama=n Egstra=Prottikool, mit bemm bi alt Hand=
schrift abschlüüst:

Anna sibäzähähundert und zwai, am nünta Herbstmunat,
ist Nesa Brägätzeri, ds Jooggi Brägätzers Töchter, bim Frävel=

---

[1] die Saat schießt so dicht wie die Haare einer Bürste [2] Ähren [3] ein Haus in der Gemeinde Grüsch.

gricht azaichat worba, wägä=n allerhand Missi, bia si hät sölla baganga hah. Am zwaiazwenzgasta bruuf z'Saas aghalta, hät ma si am andera Tag as a Gfangni in bs Rothus ga Chüblis transportiert, um si bört noh ba Brüüch z'verhöra. D'Richter, bia mib demm Frävelfall bas Nötega z'tua ghah hend, sind gsy: „Hans Lemm M....., Landamma; Christa G...., Examinatör, Christa P....., Grichtsschryber." Bim Pynega git bi arem Tröpfi au jiera Schwester Brena=n aa und sait uus, wo Luzifeeri jiera bs Bluat us'm graußa Finger gnuh und jiera Namma=n in a grües Buach gschriba hai, wia si im Fröscha=n=Ei[1] z'Sant-Atönja binna=n am Härä= tanz zemmachu syend; au, wo si näbåt dm Huus bs Salb vergraba hai, mid demm ma dr Stäcka salba müesi, um in bs dri Tüfels Namma uf ma bür b'Luft ryta z'chönna. Item: Dr Gigerhairi hai vor zwenzg Johr ama Härätanz uufgmachat; Item: Hannesli Tönz vo Latzai mib dm chrumma Muul söll zu dr Buacha in dr Plaisa, bi Brüescha Lena=n und z'ußerist im Buachnerfälb an ba Tenz gmusagät hah.

Ds Urtel, bas chamm ma si tenka, ist truurig gnuag usgfalla. „Nesa Brägätzeri", so hät's gluutat, „würt am aina= zwenzgasta Wymunat Nohmittag asa läbend verbrennt und b'Äschä von era söll uf bs Wasser gschossa wärbä." — Uf b'Fürbitt vom Gaistlaha=n ist dr Grichtsspruch in derr Art ab= g'enderat chu, daß bi arem Näüä[2] zerst glöpft und erst dernoh verbrennt wärbä söll. D'Äschä sy bri Schua tüüf in ba Boda z'verlocha, so, daß wäber Lüüt noch salfanori[3] Väh meh etschas von era z'gsähä chemmend.

Und b'Hirichtig ist buachstäbli aso für si gganga! — D'Richter hend gmaint, si haijend noh Gsetz und Grächtifeit g'urtlet und derbür a Gott wohlgfelligs Wärch tua; bs gmai Volch, i syner Aischieri[4], hät na luuta Byfall gih, in dr festa

---

[1] Ort in St. Antönien [2] = das arme Geschöpf [3] salvo honore, salva venia [4] Einfalt.

Bazlaubegig, au bemm laiba wüesta Räff¹ und Uswürfel br Mentschheit sy gär nüb anders us Nächt gschähä.

Wemm teti's nid tschubara bim Gabanka=n an a berraga Regl²? Wär wetta si im Ärist us üserna Taga noch zruck= wüntscha=n in a söttagi Gaistessinsternuß? Und doch — ma möchti fast uf ba Chopf stuh, sa dick as ma braa tenkt — hät's au jetza noch hi und wider underm gmaina Volch Derra=n umha, bia si vom Glauba=n an Häräry, Ughür und anders Faxazüüg nid abbringa luh wend. Guat isch, daß Dia ålengarimeh schwinend, daß si nüb meh macha chönnb gega b'Worhet und bs Liacht, vor bemm br Aberglauba si noh und noh verchrüücha muaß, wia br Näbel vor br Morgensunna.

Gott Lob und Dank, baß bs Johrhundert br Folter und Schyterhüüfa, wo bs Bluat vo so vila=n uschulbig Gmürbta noh grächter Vergältig zum Himel gschrua hät, lang schu verby ist, baß vorüber sind bia Zyta mib ba tunkla Tata, wo mib laiber Tolgga=Schrift yträgä chu sind in bs Buach br Wältgschicht.

Wohr blybt's: „D'Wältgschicht ist bs Wältgricht."

Und bemm strenga=n upartyescha Gricht chann si Niemat atzüücha, kai Persu, kai Volch, kai Johrhundert. Ds Gricht ist uermüebli an syner Arbet; as rytarat und wannat³ u=ufhörli br Waißa vom Sprüel, sünbarat ab bs Guata vom Bösa. Da Tugenba tuat's zuasprächä=n an Ehramälbig, gschriba mit uvergenglaha=n und golbana Buachstaba; b'Laster aber naglat 's an ba Schandpfohl!

Uf'm Stab, bär vom Gricht über bi ganz Mentschheit gschwunga würt, stöhnd, wia a Mahnig azluaga, gschriba mib füüraga Buachstaba, bia Wort:

„Grächtikeit machat a Volch starch und groß,
An b'Sünd aber henkt si br Fluach und bs Verberba!"

---

¹ unausstehliches Weib ² Unordnung ³ reinigen.

— 74 —

Der Spufagang.
(Alpennovelle.)

Dialekte: Seewis, Maienfeld.

1. D' Bakanntschaft.

A ma haißa=n Augstanohmittatag vom Johr tusigsächs=hundertunbainavierzg goht a junga Seewaser — br hübsch Christa hät 'r allgmai ghaißa — vo Ganny[1] ufwärts gega Fasus[2]. Uf sym starcha Nugga trait 'r boba=n a schwärglabas Näff; b'Fert[3] und b'Hiz brzua müesend a=n uheggglisch[4] werma, denn all entig Augablick fahrt 'r mib bm Schnupftuach über das füurrot Gsicht, um br Schwaiß abzbutza. Am Morgend vor'm Lüüterla[5] ist 'r vo sym Ätti vo Fasus ga Seewis uus gschickt chu um Menaschi[6], bia am Usguh gsy ist, und au um etschas Wärchzüg, bär si zum Nanschiera vom Stall not=wendig bruucha hend müesa. Vierzähä Tag schu hen si b'Häuig im Tua[7] z'Fasus binna; aso in acht bis zähä Tag, wenn bs Wätter kai Spück machi, hen si gmaint abgmäht und fertig ygglait[8] z'hah.

Wyl Christa so in syna Gabanka in ara Chehra[9] bi me. hoha Stai verbygoht, gsiat 'r hert ob 'm sälbä=n a liggenbi Persu uf 'm Wasa, bi berra=n är nid rächt grüßt hät, ob si schlosi, oder ob si etscha gär gstorba sy. Nid nu b'Päggl und das bübsch chlai Müli sind stuchawyß[10], au bie chlaihärä[11] fina Hentli, bia wia zum Bättla=n über 'm Müeber[12] gsalta. sind, hend a baari lôtagi[13] Totafarb.

---

[1] altes Schwefelbad, zerfallen [2] Heuberge und Alpen [3] Tragbürd [4] außerordentlich [5] Dämmern [6] Lebensmittel [7] in Arbeit [8] einheimsen [9] Weg-biegung [10] schneeweiß; Stucha = Kopftuch der Nonnen [11] sehr zar [12] Mieder [13] völlig.

Wia an Opferstock stoht 'r bo, as ob 'r nümma vom Fläckä chönnti und glarat uf bs hübsch Wybsbilbli am Boba, das na ebasahübsch dunkt, us a schlofenba Engel.

„Herr Jezer y! wia ewig schab, wenn Dia uf Gältä=n ygschlofa wer", benkt 'r, „bi gost, i muaß nohiluaga und hälfä, wenn noch etschas z'hälfä=n ist." — Gschwind wia bs Wätter stellt 'r bs Räff ab, springt zwäg büra zuma Ggümpli[1] und serggat[2] in br Huatgupfa[3] frisches Wasser, um ara b'Schlääf und b'Stirna z'netza. Denn chunnt ma=n uf aimol au bas chlai Ggütterli Lavanberwasser[4] in br Tschopatäschä z'Sind, bas r' mit ma gnuh hät, in br Absicht, br liaba Schwester Sina a heimlahi Fräub z'macha. Är waiß ganz guat, baß berra Schmeckwasser bem Wybavolch bim Schlächtwärbä egschtara guat bienat, und hebt br Töchter us bemm Grund grab bas offa Ggütterli unber b'Nasa.

A paar rächt schwäri Otemzüg tuat si und machat gschwind brüber ab b'Auga speer offa, bia gär karjos und verwundarat uf ba Christa luagend.

„Jeses Maria, wo bin i au!" sait si, wil si Astalta machat, um si ufzrichta; „hann i trommt ober was ist arriviert? Vorrig ist mr brezys und uf ba Tupf grab gsy, as ob i ara hoha Flua ahakyti und an Engel my apfoha teti."

„So, so! was Jier nib sägend!" lächlät br Purst. „Fürch= tani nu nüb! Engel bin i fryli akaina, aber wia=n er gsiend, main i's notta guat mit ni. Was i tua hah, ist gärä gschähä; an Ehramaa tuat albig b'Christapflicht. Sy's Gott dankat, baß r'wiberum zua ni sälber chu sind! Vu wonna chönnd 'r und wo göhnd 'r?"

„Vu Fiberis chumm i und muaß ga Nenzig[5] büra i my Heimat", git si aa. „Mi Mamma ist im Fibeserbab und i hann si bsuacht, um z'luaga wia 's ara gengi. Si ist am Bai wia ma sait[6] besser, aber si muaß noch etscha vierzähä Tag

---

[1] Lache [2] bringen [3] Hohlraum bes Hutes [4] Lavenbelwasser [5] Ort im Walgäu [6] nahezu.

blyba, wenn b'Veſſarig Beſtand hah ſöll. Dr Ätti hät grab jetz leſtli¹ vyl z'Häua und chamm mi nid wohl lenger uß biß moora=n atmangla, bſunders au wägä demm nib, wil i bs Nanni üſeri Sennari in br Alp Vals hajobna, bia wägä Gſchäft a paar Tag hai ſötti, für bia Zyt, wo ſi fort iſt, im Hüttadienſt gwüſſer us nib ablöſa muaß.

Um br Wäg abzchürza, — über Majafälb und b'Staig² iſch vyl wyter — hanna mi la=n überreba, über Seewis, Gannu, Faſus und bi aiwäber³ Furgga haizguh, aber as ſchynt, i hai mi überganga. Gruabat⁴ hann i ama=n Äriſt niana us z'Seewis buſſna bim Paber=Jabelibrünneli*), wo 's mi glüſt hät, a paar Süpſli vom gwihta Waſſer z'trinka; ſuß hamm mi, wie gſait, hofeli erſtellt un nia ab ba Bái gluh.

Wo=n i bi Ganny a guata Stuck verby gſy bi, tuat mi uf aimol br Urwilla ploga⁵, benn ſoh i im a Wyli bruui a umhazwärrlä=n⁶ aswia a Vſuffni; im Chopf hät's mer agfanga z'tooſa und aswia z'lüüta und bin benn grab bruf ab plätſch an ba Boba=n uuštroolat⁷, uzemmazellt⁸ wia a Stückli Holz. Vo bua a chamm mi an gär nüb meh rächt erbſinna, gwüßer muas i ganz vo Verſtand chu gſy ſy."

„Das hend 'r ſicher und gwüß der brotaga Sunna z'ver= banka!" maint Chriſta. „Si brennt aber au brnoh, i merka's au! J tuuſig Fätzä, iſt mr daas nib a Röſti! Filla verppäägga⁹ muas ma. As truckt eim faſt in ba Boba n y; kai Lüftli goht, kai Läubli verrobt ſi. Hüt wer üſer Sprüchwort wärli nib guat az'wenba: „J tuuſig Tägä, jetz chunnt br Luft noch vor 'm Rägä!" Dr Sibazähent hemm mer hüt und b'Hundstaga

---

¹ſehr ²Luzienſteig ³bie eine ober bie anbere ⁴ruhen ⁵von Uebelkeit befallen werben ⁶herumtaumeln ⁷platt hinſchlagen ⁸unzuſammengezählt (Entſchuldigungsformel) ⁹halb verbrennen.

*) Stelle, an welcher P. Fibell am 24. April 1622 im Freiheits= kampfe ber Prättigauer burch Rudolf Hilbebranb und Ulrich Bärtſch umgebracht wurbe. (F. Sprechers Hiſtoria.) Das ernſtliche Bemühen des Hochgerichtslandammanns, Nicolaus Senti, ben Pater zu retten, wurbe burch bie allzu voreilige Flucht bes Letztern vereitelt.

göhnd grab wohl so haiß uus, us si yggauga sind." — Unberdemm hät 'r am Näff aswas umhagnobarat, a Gguttara Bältliner fürhagnuß und ara=n a vollas Bächerli und a resaluuta Stuck Eierpitta fürghebt, baß si niß söll, wil si a Sterkig nötig hai. Si nümt's ab, gnüüßt's und git ma=n a bankbara Blick us siera wundersamma liablaha=n Auga, bi demm's bem Christa ganz karjos worba=n ist, är hät nid gwüßt wia.

"Hüt chönnd 'r amol nümma hai!" sait 'r, "vo Fasus bis uuf zu dr großa Furgga isch khand anderhalbi Stund; wyter ab ist dr Wäg z'Blätzäwys[1] ugwärli[2] und, wia=n i ghört hann, a grusagi Wyti.

Allem Aschy noß trybt's uf ba=n Obend au noch a Wätterli zemma, benn my Bubl hät vor ama Wyl gsagsat[3], und wenn där tuusigs Razza[4] bas tuat, chamm ma sicher bruf zella, baß in dr Luft Etschas fürgoht. Dr glycha Mainig ist au dr Balser=Zuasenn hüt am Morgend gsy, wo=n er zua mer gsait hät: "Ds Wätter chehrt; gib denn nu a Blick[5], ob 's mora nid huntstinkend laib[6] ist. Wenn, wia 's bi leist Nacht gschähä=n ist, dr wild Maa b'Haab semmlat und vor Sunna= n=ufgang über b'Bilan zerzaberati[7] Schneehilbi[8] ihaguggat, chamm ma si uf an Endarig gfaßt macha!

Wia gsait, j rota=n Is ab, wyter z'wella, as wer rächt Gott versuacht! I hann dr Ätti und b'Schwester Sina=n[9] uf Fasus bobna; mr chön ni gär guat über Nacht haß und z'scheniera hend Er ni churz und glatt nüb. Sältend nu, Er tüen is baas z'Liab und sägend nid nai!"

"Wenn i nümma über mag, was will i macha!" süüfzt b'Tochter. "As würt mr, tenk i, nüb Anders übrigbliba, us ja uverschammt z'sy, Üeri Ylabig a Gottsnamma=n azniß. Das fallt mr fryli wenager schwär, wil Er sa hübsch reba und gär guat ahalta chönnd, wia ma's nid überaal trifft. Ob i's aber au amol z'vergältä chumma, sälb ist noch a Frog!"

---

[1] stellenweise [2] gefährlich [3] sagsa = feines Gras fressen [4] Tausend= jassa [5] paß auf [6] sehr unfreundliche Witterung [7] zerzaust [8] leichte Schnee= wolken [9] Rosina, Ursina.

„Das ist ganz und gär unötig!" git ara br Christa zum Bschaid, „vo Wibergih wemm mer nib reba, sind brvu, bbitti, müsliftilla! J ham mi sälber im Dorf bußna=n au verspäät u mi wacker flyßa müesa, noch zu rächter Zyt gu Fasus z'chu. Wo=n i gu ßer Sägä¹ chu bin, hät 's ufm Seewaser Turra grab Zwaji gschlaga und z'Fanus² bennat, wo a Vergrebnist gsy sy muaß, im glycha=n Augablick uusglüüt. Wemm ma wyt in ba Bärgä binna=n ist, focht aim balb baas und balb bises a z'bräftä. Mer sind au gär mid Allem nobis³ gsy und hann i brum überaal umhamarschanta⁴ und ba Ggaranti guh⁵ müesa, um a Sach zemmazwaibla⁶. Will ma in zwei Stund us 'm Dorf bis uf ba=n alta Säß⁷ und vo bört in ara halba bis gu Fasus, muaß ma utüsali suaßa und schwitza wia a Pfaff, wemm ma=n a wackeri Fert ufm Buggel hät. — Was mainend Er, wenn Er möchtend, wetta mer jetz noch graggär uuf?" Ds Maitli machat des Ja⁸ und so göhn si midananbera und erzellend Allaberlai, bis si bobna sind, si hend nib gnüßt wia. — Dr Atti machat zerst großi Auga, wo=n er bas frönd Mentschli gsiat, aber är loht si gschwind bbrichta und ist yverstanba mid bm Übernachthah, und b'Eina, bs Christa's Schwester, bazügat an ughüri Fräud mit br nüa Schlofgamma= rädi und waiß nib, wia gglägg⁹ si mit ara tua söll. Als Guats, was si umha=n und a hend, gens'ara; br Christa goht a aswia a Prienzer¹⁰, wenn si nib nih will, nötat an aim Tromm¹¹ an ara und tuat ara=n albig bi besta Bröckli zuaschüsala¹². Nohm Z'nachtässä würt noch a guats Wyli ghengarat, dernoh göhn si bi Zyta in bs Bett, br Atti mit bm Christa=n uf ba Häustall, b'Schwester mit br Vronegg¹³ — afo haißt nemmli b'Gastig — in bs Stübli vom Fuatterhüüschi¹⁴. Christa cha noch a heers ewagi Lengi nib yschloossa; är sinnat und stunat, wia wenn er Kalender macha wetti; br Chopf ist ma

¹Ortsname ²Fanas ³aus, fertig ⁴den Aufträgen nachgehen ⁵ge= schäftlich umhergehen ⁶zusammenraffen ⁷Ortsname ⁸bejahen ⁹höflich ¹⁰stürmisch drängen ¹¹in Einem fort ¹²vorlegen ¹³Veronika ¹⁴mit dem Stall verbundenes Häuschen.

so haiß, as ob r a Stytza¹ vom besta Kumpleter² über ba Chopf ustüzt³ hetti. Was baas au sy mögi, tenkt 'r, a söttagi Uruah haj er sy Läbtig noch kaini ghah. Amol vo ba Häu=bōra⁴ stäche's nä nib aso und br Häubroot⁵ chönna ma=n au nib a berraga verzwyflata Jast⁶ macha, sälb wüss'er. — Hät br arem närrsch Lappi noch nib gwüßt, baß b'Liabi imma=n arwachat ist, und baß br Pfyfholber⁷, wenn er bm Liacht z'by chunnt, b'Fäcktä verbrennt?

Noh ba=n Ōlfa git's a rooßes⁸ Wätter. An Augablickli räs=lät's⁹ uvermalisch¹⁰, mamerkt's am Brittara=n¹¹ uf ba Tach=schindla. Im a Wyli bruf tächälät's¹² grusig und erschröckali, grab as ob 's mib Gelta lärti, aber zum Glück isch nib vo langer Tur.

Au b'Vronegg ist erwachat ab 'm Gatööß, bas a Todts hetti erwecka möga. Wia baas bobna um ba=n Alpstai¹³ um chneblat¹⁴ und tschibarat¹⁵ vo Chlapf uf Chlapf¹⁶ und Tätsch uf Tätsch¹⁷, baß ma hetti maina möga, Alls müeßti libarament¹⁸ ahabräglä¹⁹! Das gebi mora noch a gsastagi Raiß²⁰, tenkt si und si bättät, baß br liab Gott d'Sach gnebig ablaufa luh möchti. Nohand, wo 's nümma gär sa laib tua hät, tusmat si widerum y und a prächtägä Tromm füert si in a wunder=samms Alpatäli, bas grab aso usgsiat, wia bas hübschist Gärtli mib gniglat²¹ volla Bluama. Und alli Blüemli, wo si aalacha tüend: „Alprösli, Edelwyß, Schnecbärgernä²², Bremli²³ und Garschina²⁴ tuat si zemma winda zum a Strüsli, bas si ama Purst, bär uf ba Tupf bm Christa glychet, in bs Chnopfloch steckt. Derby gsiat si, wia bm hübscha Purst bi noch hübschara tüffschwarza=n Auga=n erglenzend, und merkt

---

¹ein Maß ²vorzüglichstes Malanser Gewächs ³hinunterstürzen ⁴bor=nige Kräuter ⁵Gährung des Heues ⁶fieberhafte Aufregung ⁷Schmetter=ling ⁸scharf ⁹Graupeln werfen ¹⁰sehr stark ¹¹starkes Geräusch zusammen=stürzender Bretter ¹²monotones Regnen ¹³Ausläufer des Scesaplana ¹⁴donnerähnliches Poltern ¹⁵betäubendes Krachen ¹⁶Schlag ¹⁷Krach ¹⁸vollständig ¹⁹herunterfallen ²⁰unangenehme Reise ²¹gedrängt ²²Arnica ²³Branborchis ²⁴Bergblume der höheren Region.

au ganz tüütli, wia jiera fälber b's Härz pumpat vor felager
Fräub, wil da's süeß Ghaimniß br Gegaliabi offa=n am Tag
lyt, uhni Techi und Schleier. ... Und wyter chunnt ara im
Tromm für, br Liabster well fi umhalfa, um ara da's erst
Chüßli z'gih, fy tüe ma=n aber albig uswycha — nu afo a's filis[1]
und für Spaß — daß er a nohi chemmi und mit ara Fohis
machi[2], überhopt noch rächt lang mit ara jogla[3] und gauggla[4]
müefi, wia 's ufchulbagi Alpachind zum Bruuch hend. Uf aimol
stürchlat[5] fi, aber fi merkt, daß a starcha=n Arem fi ufhebt
und ghört, wia=n ara a füeßi Stimm in b's Ohr bi'smerlat:

„Suachft bu by Glück, fuach's nu nid wyt!
Chönnd mier nid zemmahuufa[6]?
O, fäg nid nai! Für b'Läbenszyt
Will i nu by zur Spuufa[7]!"

Am Morgend will 's a'swia gär nid taga und wo ma=n
ufstoht, lyt b'Brennta[8] fa tick y, daß ma faft Stapfa=n[9] in fi
haua hett chönna.

D'Bronegg machat gär a trüebfelig's Minali und fi waiß
uf br liaba Wält nid was afoha, benn hai müefa fi hüt um
alla Pryß und wenn 's au filla Chrotta haglati und Halla-
barta fchnyti. So fy's abgrebt und br Ätti fy gär an Aigna,
bär kai Spaß verftuh chönn. Am End aller Enda chönnt 'r
maina, as fy era Etfcha's paffiert, und wer mügli, daß 't a
Suachig astellti, was fi nid fa gärä hetti.

Chrifta waiß aber gfchwind Roht, und är verhaißt ara
mit ara z'guh bis faft ober gär hai. Brennta hy, Brennta här,
bia machi imm nüb und wenn fi au fa tick wer, daß ma
Leitara=n an fi aftütza chönnti. Als wer au fchad, daß 't r fool
umhaguggarat und umhatroolat wer, wemm ma baas Tabac-
räuchli etfcha's müechi u na=n uf a lätzä Wäg z'bringa chemti. Uma
Nüni umha müefen fi aber fchu br Wäg unber b'Füeß nih,
benn tüe's es afo, um grab rächt haizchu.

[1] fcheinbar [2] Sich=Fangen (Kinderfpiel) [3] Scherz treiben [4] fich beluftigen
[5] ftraucheln [6] zufammenwohnen [7] Braut [8] Bergnebel [9] Stufen.

Wär ist zfridener us b'Vronegg und si zaihat über
b' Füererschaft a mächtägi Fräud. Noh ama früntlaha Ver=
gältsgott z'hunderttuusig Mola und Bhüetigott, bi demm dr
Bhüetenda[1] bi hällä Trena über b'Päggli ahatroolend, goht
ds Päärli und dr Ätti rüeft noch nohi: „Christa, ghörst!
z'summa[2] häst bi gär nüd, chumm wenn b'witt und wenn
b'chast! Ylegger git's hüt wellawäg akaina. Wenn's au noch
etscha zum Sunna chemti[3], sa goht's glych noch a Wyl, bis
ds Häu über a söttagi Taufata=n[4] ab nu ersiga=n[5] ist!"

Sy Zwaji göhnd wyter und albig wyter, fürwärts über
Büchla und bür Tuala[6], über Böda und Gräbä, a tail Mol[7]
henn si Fuaßwäg und asia widerum nid Stuck[8]. Etta=n
amol sin si gsprächig und asia wia verstockt; asia sin si gär
luutprächt[9], lachend und gigarend, und asia isch grab, as ob
na b'Wort im Hals stäckä blybtend. Astatt daß Christa dr
näher Wäg gengti, goht 'r dr wyter, büra zur großa Furgga,
dr Vertüsig zwüschat dm Tschingel[10] und da churza Geng[11].
Was für an Absicht dr tusigs Kärli drby gha hah würt?
Sicher nu dia, lenger um das liab Maitli um sy z'chönna,
dia ma's rächt atua hah muaß.

Uf dr großa Furgga ruaben si und Christa packt us sym
Renzli[12] a Batällja Wy, a Stuck Rinderbrota, Chäs und
Brot, denn für ds Härz müesa ma=n ettas hah, maint 'r, wil
sa si bis ga Nenzig ab noch erschröckeli wyt zühi. A großi
Platta ist dr Tisch und a chlaihärs Lüftli machat na b'Tasla=
musig. Schu vor ara halba Stund hät's am Himmel agfanga
z'luutara, dr Näbel tuat si älengarimeh zertaila, b'Sunna
gügglat und grüezt, as ob si a großi Fräud bazüga wetti am
glückselaga Tryba vo beedna=n Alpachind. Au dr hoch Tschingel
tuat da Beedna=n as wia zuanütta[13]. Und wenn bär Bärg=
ryß hetti reda chönna, sa hett er in b'Wält usbriefat: „Christa

---

[1] Abschiednehmen [2] eilen [3] Aussicht auf Sonnenschein [4] starkes Ver=
regnen [5] langsames Austrocknen [6] Bodenvertiefung [7] zeitweilig [8] keine Spur
[9] gesprächig [10] Bergname [11] Felsenpartie [12] Ledersack mit Achselbändern
[13] zunicken.

hät dr Vronegg dr Tuuzis aträgä und sy hät na=n agnuh"; dr Purst hai ds Maitli gfrogat: „Chast mi a bitzli gärä hah" und sy hai zerst noch a Wyli ama Schooßzipfali grüpflat, denn aber imm zuaglächlät: „Worum nib?"

Und so sy's gganga, Als hai das Anbara ggih, bis Christa zletst ds Maitli umfassat, brnoh a Flaug[1] in b'Luft tua und a Juuz abgluh hai, a Juuz, wia noch kai berraga zringum in ba Flüe z'arhilla[2] chu sy. —

Entli müesen si aber doch an a Wyterguh tenka, wenn si nib gär in a lätzi Spääti[3] chu wennd. Sy will aber nib, daß r z'vyl Ugläägäheit mit ara hai und z'wyt ab chemmi, denn dr Wäg vom „Nenziger Himmel"[4] awäck sy ara ganz guat bakannt, wil si all Johr dört usa müesi wägä=n Aim und Anderm. Christa loht si nib abspysa und will amol noch a guata Stuck mit ara dür ds Gampertuthal[5] ab, uf ds Aller= wenagsta=n amol sa wyt, bis 'r müssi, daß ara nümma fähla chönni. So göhn si und kai Seelamentsch[6] begegnat na, was dr Vronegg grimmig rächt ist, denn a verholbats Maitli hät's nia gärä, wenn etscha=n a karmentagi Wundernasa zur Uzn: über sy süeßes Ghaimniß chunnt, um 's brüewarem wyter z'trägä und 's alli Braiti uszätätschä. Wyt bunna im Gam= pertu, etscha zwei und a viertel Stund vo Zat Rochus awäck, wo 's bi dr „Chuabrugg" haißt und wo a großi Kapälla stoht, heu si under a Wättertanna noch dr letst Stanbibus[7], um z'bhüeta[8], denn b'Vronegg git's absaluut nümma zua, baß 'r wägä=n jiera über b'Bärgä zruck in b'Nacht chemmi; amol müesen si ja wellawäg usananbara, sy hai ja nümma sa wyt und är nu älengari wyter. A verspääti Alparosa und a Stainägeli, wo si uf dr Höhi abgrupft hät, steckt s' ma=n uf ba Huat; är verhaißt ara, daß 'r für sicher und gwüß amol zua=n ara z'Hengert chu wärdi; benn chönna ma=n ananbara etscha=n asia zuabrichta

---

[1] Sprung [2] Echo [3] sehr spät [4] Hintergrund des Gampertonthales [5] Seitenthal der Ill [6] gar Niemand [7] Aufenthalt [8] Abschiednehmen.

būr ba Seppatuni, bår etta=n afiamol¹ vo Nenzig ga Seewiß
būra chemmi um Kunterband. „Du blybst mer trü wia i
bier! gålt nu, my uuferwähltš Schätzli, my liabš, liabš
Vronali?" Christa sait'š und b'Vronegg lait ma statt ara=n
Antwort bi runba=n Ärremli um ba Halš und rähggät, daß
eš fi rächt erschütt. Är hāt bš Grähgg au ganz zvorberist
und fi chüssend ananbara b'Trena vo ba liaba=n Auga und
chönnd hofeli meh br Bhüetigott fürhibringa. So fin fi denn
a Gottšnamma ušananbara; fy noch graggår ab Nenzig zua,
år aber widerum zruck uuf zur chlaina Furgga und vo bört
ab gu Fašuš. Bim Übergang vo br Muntafuner Syta uf
b'Seewašer Grächtikeit muaß br guat Purst noch ai Mol über
bš 'anbara stilla stuh und zruck luaga in bie wyt Feeri, wo
fy Härz bbliba=n ist und wo an Anderš ficher au zu derr
Stund an inn tenka tuat. Ghöri'š b'Liabsti, oder ghöra fi'š
nib, br letst Gruaz für hüt muaš ara notta noch nohifchicka;
br Obend ist går hübsch, wia gschaffa zum Singa, und bš
Härrz ist volla zum Überguh.

    „Trurig bin i und notta froh,
    I cha nid fägä wia!
    My Härrz hät gklopfat nia afo,
    Aš wo i gküßt hann Dia!

    Dš Alprösli, wo fi mier hät ggih
    Mid Lächlä=n uf my Huat,
    Sait mier, baß bš hübschist Maitly my
    Uf ewig liaba tuat.

    I legga bš Rösli uf my Härrz;
    Dört blüet'š und würt nid paß²;
    Derby tenk i nu bůrawärtš,
    Würt bš Aug vom Planga³ naß.

    Würt'š schwär und bang mier fy im Gmůet,
    Sa tenk i an ba Platz,

---

¹ bann und wann ² welk ³ Sehnen.

Wo gsait du häst: „Dr liab Gott bhüet
Und gsägnä di, my Schatz!"
My ganzes Sinna früa und spoot
Goht albig nu zu dier;
As wer gwüß wohr my bbittra Tod,
Wenn b' b'Trüü du brechist mier!
Vo bier baas z'tenka wer nid rächt,
Zu demm cha's gär nid chu!
J bin und bliba ja by Chnächt,
Ds liab Mägdli blibst mer Du!" —

D'Afroog und a schlächtä Bscheid.

Dr Büelhuaber z'Nenzig, Broneggs Ätti, an allerwälts[1] rycha Fähger[2], aber a wüesta, strenga Hoogga[3] und suß au noch an ugrundhafte[4] Maa, bär im Gampertu binna, hauptsächli z'Bals, in br Gamperturnys und uf Stofelbu[5] großi Pletscha[6] Güeter, bi hübsta Glägäheita[7] und brzua a mächtägi Haab vom userläsnestä Väh bsitzt, ist am Zystig noh Allerhailaga ganz us'm Hüüsli und tuat in syner Schwytäubi[8] a fürchtagi Laidi[9], grad as ob'r Alls zemmaschyta[10] wetti. Als flücht a und Niamat hät meh bs Garaschi[11], bm Täubetsch in b'Biji z'chu. Aber nid um vergäbes goht 'r a aswia a Narr; hät ja hüt gega Mittatag so a tüfels Pündtner in sym Huus Als zundera=n=obsi gricht, a grusaga Chyb in b'Huushaltig trägä und inn sälber fast zhinderafür und meh us halba chrank gmachat.

Üserm Christa=n isch nemmli, sit 'r si in der Broneggs liaba=n Augastärnä verglarat ghat hät, dahaimat nümma wyt gnuag gsy, denn sy liabs Maitli fählt ma überaal und bi rächt Ruab chann er nümma finda, Tag und Nacht nib. Uf b'Lengi möcht 'r baas nümma gabiesta[12], tenkt 'r, und ama hübscha Tag sait 'r zu sym Alta: „Ätti, mora würt z'Schruu[13]

[1] sehr [2] Kerl [3] Eigennütziger [4] zweifelhaften Charakters [5] Alpgebiet [6] größeres Grundstück [7] Güter [8] schlimmste Laune [9] über die Maßen schimpfen [10] zertrümmern [11] Muth [12] aushalten [13] Schruns

bennat br Allerhailaga=Marcht abghalta. J schetza, bu sjist zfriba, wenn i büra goh, ga na füeglis Schlegküeli¹ chausa. Waist, bennat göhn si gega hajennat z'mehr Zyt um a baara Spott und i macha sicher a guata Tagluh brby." Dr Alt ist yverstanba, maint aber notta, as haißi au bennat b'Auga=n offa hah, daß ma nib palugsat² chemmi, suß sy br Profyt gly³ gkalta.

So goht Christa noch am sälbä=n Obend, grab wia br Vollmu hinder'm Schäschaplana sürhaguggat, uf ba wyt Wäg, um morabeß zytli bennat z'sy.

D'Liabi hät Flügel und b'Ahenglahi an sy Vroneggali trait na=n au wia uf Gamsasüeß überbüra bim chlaina Fürggli und älengari wyter ab bür bs Gampertu, Menzig zua. Dörta=n erfrogat 'r bs Büelhuabers Huus. D'Vronegg karlattat⁴ uf'm Läubli⁵ grab ama Chruut wia=n er chunnt; si würt blaich und rot, as wia si abma=n erschrocka wer, und notta isch nu bi selig Fräud, bia us jiera trüa=n Auga fürhaglenzt. Dr Alt chunnt grab in bemm Augablick, wo Christa br Liabsti b'Hand büta und ara wägem samosa Chruuttanz⁶ bs Kumpli= ment macha will, us br Stuba, gsiat br jung Brättigäuer und wünderlät, was är well?

Pr Egschgüsi sait br Purst: „J wer a schicklis Schleg= rinbli chäufig, chönntenb 'r mer nib mib aim verholfa sy?"

„Vorderhand bin i nib versähä!" machat br Alt, „bi letst Wucha hät mer a Chausma vo Bludetz br Resta noch gär ab= glauft. Göhnb nu büra ga Schruu, usm Marcht finbenb 'r berra Waar noh Lust und Gust."

Christa ist mib berr Uskumpft noch nib ganz zfriba gsy; är möchti noch a Wörtli im Vertrua mit ma reba, wenn's er= laubt sy, sait 'r zum Büelhuaber und bär haißt na gärä=n ober ugärä mit ma=n ychu in b'Zuachammara.

---

¹ kleine Schlachtkuh ² beluchsen ³ balb ⁴ Kraut hacken ⁵ beim Haus= eingang ⁶ im Takt hacken.

Dörta trait br Purſt bm Alta ſy ganzes Aligan a Wyns
und a Braits für, ſait, wia är und b'Töchter zemmachu und
bakannt worba ſyend, wia är villicht b'Schuld ſy, daß ſi noch
läbi, benn uhni inn hetta's ara ſchlingga¹ chönna; erzellt bern
au, daß ſy Eltara guati Mittel hajend und guat füfzähä
Hopt wintara chönnend; verhaißt ma, b'Vronegg chönni uf
Seewis a rächts Herralābä hah, benn Wytimärch² brucha ſi
nu z'tua, was ſi gärä well, umhaſchinba und umhakomſoja³
wia vyl anbari Wyber, müeſa ſi nib, zu Söttagam ſtell er
Kaini a, baas well er ma in b'Hand verſprächä. Är chemmi,
wian er gſähi, aſa na graba, rächtſchaffna Maa, z'mitts
unber Taga, inn us Vatter z'bättän um br Töchter Hand,
bia er man um Gottswilla nid abſy ſöll, wil 'r ſuß unglückli
wärbä müeßti für ſy Läbätag und b'Vronegg uf all Fäll au.
Bi imm ſy's amol aſo: „Dia ober Kaini!" Är chönni nid
brfüür, baß ſa wyt chu hai müeſa; um b'Liabi ſy's eban an
aigni Sach; vorhi hett er baas nia gglaubt, jetz aber wüſſer's.

Ds Büelhuabers Gſicht iſt bi bs Chriſta's Wärbig älengari
tünkler chu, bi laid Schnatta⁴ über da Brawa iſt bluatrot
und Auga machat 'r ſchu aswia dr baar angſtli Tüügger.
„So, ſo, Pürſtli! a Schlegküeli häſt wellan arhandla und
am End aller Enda chunnt's uf baas uutza! Söttigs ſimm
mer die rächtä Kärlimuuſer⁵, wo's aſo machend! J tuuſig
Tüfel y, was biar nit z'Sind chunnt! Vorr i my Maitli, bi
lyfertig Täſchä, bia mi ſchynt's am Narraſail umhagſüert
hät, ama Nügläubega⁶ giba, rinnt b'Jll zruck ga Gallä=
chilcha, vorrhi goht's mr ga Brägetz in bs Nunnachloſter.
Wenn dr y guat zum Roht bin, ſa nümm ba Wyta⁷ und
baas uf dr Stell, ſuß müeßta dr Bai macha, daß b'hofeli
meh z'ſtüüra⁸ chemtiſt und b'Abſätz verlüra chönntiſt. Mit bm
Huaber iſt nib guat Chrieſi äſſä, baas hend ſchu Meh erfahra.
Gang, i ſäg dr's, ebas b' br Buggel volla Mooſa häſt und

---
¹ fehlen, mißlingen ² Feldarbeit ³ abmühen ⁴ vernarbte Hiebwunde
⁵ hinterliſtiger Kerl ⁶ Reformirter ⁷ fliehen ⁸ leicht auftreten.

wil by Bruſtchaſta noch ganz iſt; benn wenn my Toopa=n a
derraga Maitlaverſüeri, wia b'bu ſchynt's aina biſt, bim Chrips
nehmtend, tela ma bs Liachtli bi Bitz und bi Fätzä=n¹ usguh,
ja gwüß us dr Tag am Himmel iſt!"

Chriſta, zerſt a bitzli vertattarat², bernoh aber widerum
dr alt Chriſta, chüa und ggurajchiert wia uf ba Tobesgeng
in ba Felſa=n und Grinda³ binna, rüeſt, wil 'r aina br gnär=
ſätä=n Arma wia träuend uusſtreckt:

„Tankend Gott, Alta, baß 'r dr Broneggs Ätti ſind und
kai Anbara, ſuß wetta ni bs Schlezaträgä⁴ verſalza. Uus=
wärfä lohna mi nid und daß Jier mi uusbrechtend, hann i
kai bang. Y goh ſuß und ſäg ni nu ſövl, daß ni Alls im
Garta wagst und ytrenkt würt, wenn au nid dür my, ſo doch
dür üſer Härrgott, bär a ſöttaga Gwalthahna⁵ ſchu noch
ſinba tuat, wenn 'r au dr Nychſt und dr Sterchſt ſy will!"

Dernoh goht 'r ſtolz und graab aswia a Huſar zur Tür
uus, tuat a Gugg zruck uf bs Huus und erlickt am Chammara=
ſaiſterli dobna b'Bronegg, bia überluut usſchryt, b'Hend uf bs
Härrzli hebt und imm uſägeli truurig nohaluagat, bis 'r hinder
ba Bömm vo dr Bündti verſchwickt⁶ iſt.

Wia=n=er bua haichu iſt, hät 'r ſälber nümma rächt gwüßt;
bs Schlegrindli hät 'r Schlegrindli la ſy, — as iſt ma nüb
meh Anders z'Sind chu, us dr Broneggs truurigs Schickſal
und ſy aiges derzua.

D'Liabi in großa Nöta.

A truragara Winter us derſälb hät Chriſta ſy Läbätag
noch kaina ghah. Früejer dr huuslahiſt und dr ggalantiſt und
agſchieragiſt⁷ Purſt, daß ma na nid hetti beſſer wüntſcha
chönna, iſt 'r dernoh dick und vyl glichgältig gſy, hät z'mehr

---

¹ ganz und gar ²verlegen ³Felsköpfe ⁴Aufforderung zum Zweikampf
⁵ Gewaltthätiger ⁶verſchwinden ⁷anſtellig, tüchtig.

Zyt nu umhagsuurpat¹, umhabbruatat und überhopt an Allem kai Flüheli Fräud meh zaihat. D'Mamma, derra bs Lyba vo jierem liaba Buab gruusig z'Härrzä gganga=n ist, wogat's amol, mit ma z'reda. „Christa", sait si, „I chumma nümma us dr; haißt ma die Etschas, sa=n arschüttst kai Ohr², und frogat ma bi baas ober bises, sa tuast nib wär bo³, brezys, as ob bi Alls nüb meh agengti. Aso goht's uf b'Harr⁴ a Gottsnamma nümma; bu verchürzst dy Läbä, wenn'b nib an= darist tuast! Lua, Wybavolch git's rächt übrig gnuag, Zähä für Aini. Under ba Rychsta und Hübsta vo ba Dorstöchtara chast ja uusläsä, was witt benn aigentli noch meh? I wüßti nib, für was und worum a söttaga Purst, wia bbu aina bist, wäga ma=n aisältägä Wybsbilbli si hindersinna und Alls Rüebi wärfä⁵ sötti! I hetti an br Muntafuneri as Schnurra⁶ aigentli nib grab dr Huusa=n⁷ uuszsetza, — as söll, wie b'Sina gsait hät, a suubers Mentschli sy vo guata Mittel und guatem Karakter — aber z'Trutz allem bemm passati a bowagi⁸ für by notta noch besser, bsunders wil si nib üsers Glaubes ist. As hät amol nib sölla sy und was nib sy söll, loht si nia erzwinga! Wär, säg mer au, maint's mib bm ainzaga Sutz besser us b'Mamma? Hanna bi nib verpflägt in dr schwärä Chrankat, wo b'uf br Muntafuner=Naiß ufgläsä häst, in derra bu vierzähä Tag zwüschat Läbä=n und Tod gschwäbet bist? Di ganz Zyt bin i nümma us'm Hääs chu, bi nia vom Bett verwicha, Tag und Nacht nib! Wenn b'im Fiaber grasat und b'Allaberlai kuberwältsches Züg büranandara bbrablat häst, hann i tüütli gnuag merka chönna, worum baß b'in ara derraga truraga Verfassig hai chu bist. Wia an arma Desertör bist ama=n Obend spoot über b'Stubatür yhaghunka, mib ganz zerschrenztem⁹ Hääs, b'Hend volla Schrunba¹⁰ und Chläck¹¹, bs Gsicht volla Moosa, b'Auga tüüf im Chopf binna. Usgsähä

---

¹hinsiechen ²auf Nichts hören ³als ob Jemand da wäre ⁴auf die Dauer ⁵Alles auf die Seite legen ⁶Schwiegertochter ⁷besonders viel ⁸hiesig ⁹zerrissen ¹⁰kleine Fleischwunde ¹¹Hautriß

häſt ſchu brezys aswia dr Schatta=n an dr Wand, my Lābātag iſt mr etſchas Söttigs noch nia z'Auga chu. Z'Tob erbarmat häſt mi; luut uusbrülla hann i mueſa, wo=n i gſähä hann, wia's bi nu in zwai Taga zwäggnuh und ärgrätſchät[1] ghah hät, erger us bima=n Uszehra im höchſta Grab. Dr liab Gott waiß es am Beſta, wia vyl bbittari Trena über di=ſälb ſchwär Zyt uf by glüends Gſicht gfalla ſind und wia=n i zua ma gſchrua hann — mengsmol mib Chnüla[2] — är ſöll bi widerum gſund wärdä luh und ſöll dr a nüüs Härrz und a nüa Gaiſt ſchenka. Für a baars lötigs Wunder muaß ma's aluaga, daß b' brou chu biſt und baß dr vo dr ſchwärä Chrankat kai bſundari Letzi[3] bbliba=n iſt, bia's ſuß gärä zruck=loht.... Denn hann dr noch etſchas Anders fürzhalta, an baas bu nib benkſt, mier aber ſchwärä Chummer machat. Waiſt, my guata Buab, dr Ätti altat au aſa und hetti nötager a Hülf us noch meh Chrüüz, wenn nib zletſt Als z'Rüfana und z'Schytara guh[4] ſöll. Är mag nümma khand[5], ehzyts[6] iſch an arma Tſchappi[7], bär dr Sach nümma rächt fürſtuh mag, bemm b'Rua z'gunna wer. Är wärrhät liaber us muula[8], är loht aalaguh und ſait nia vyl. Niamola iſch mr z'Ohra chu, daß 'r mib Aim a Kaſis[9] ghah hetti; är iſt Aina vo benna, wo Als ſchluckend und b'Sach im Stilla verwärchend.

Ma ſait fryli hy und wider, er ſtandi under mym Ban=toffel, ſälb iſt aber nib wohr. Da Lüüt chamma b'Müüler nib verbinda, ma muaß ſi eba tätſchä luh, bis ſi gnuag hend und ſi gärä hörend. Was Andari tüend und zerrätſchend[10], bchümmarät my nüb, i hann nu uf bas Aigna z'luaga. I un dr Ätti ſind albig im Friba=n uschu; är hät mi im Huus la ſchalta und la walta und y hetti imm drgega, was dr Stall und bs Wytiwärch abalangt, au nia bryggrahgga[11] wella. Dia churza Jährli, wo mer noch byanandara ſy

---

[1] zuſammenfallen [2] niederknieen [3] Reſt, ſchlimme Folge [4] in Unord=nung und Zerfall gerathen [5] nachkommen [6] nächſtens [7] langſamer, ge=brechlicher Menſch [8] bas Maul brauchen [9] Anſtand, Streit [10] herunter=machen [11] breinſchwatzen.

chönnd, will i imm erlychtara, sa guat i chann und will für a soorga, wia i'ß am Taufftai verjprocha hann. Au bu, my Chrijta, häft alli Urjach, bm Ätti, bär au für by jöol erlitta und gräzgät¹ hät, b'Henb unter b'Füeß z'legga u nu baaß z'tua, waß a brava Suh tua muaß. Nib ußzjprächä=n ijch, waß b'Eltara mit ba Chinb henb; wenn b'ß jetz nib waijt, ja=n erfahrjch' jpäter au amol wia alli Anbari. — Du chajt noh myna Fürjtellaga b'Sach aluaga vo weller Syta baß b'witt, ja muajt ygjähä, baß tuujigmol beffer ijt, wenn b'br Holbjcheft uj'm Sinn jchlaha tuajt. Folg byner Mamma und nib bym Kaprizi; wenn b'ß tuajt, chunnt'ß br wohl, glaub'ß nu!"

Aber br Mamma Roht und Zuareba ijt ganz umajuß gjy. Chrijta hät zerjt nib Bürri tua², aß ob na b'Sach nüb aagengti, nohanb aber, wo b'Mamma mit Brebaga nib ufhöra hät wella, jtöhnb jy Auga notta volla Waffer.

"Mamma! bu waijt nib, wia weh y bo binna hann," wüjcht'ß ma=n ußa, filla wia a Schrai, "bu waijt nib, waß wohri Liabi ijt, juß chönntijt nib ajo reba! Gjchwora hann i: "Dia ober gär Kaini, und brby muaß' bliba!" Wemm mer Dia nib ghöra jöll, ja lyt mr am Läbä fai Bitz meh und beffer ijch, i leffa mi alawärbä. Liaber a Chugla in b'Brujt ujm Schlachtjälb, uß a jöttigß Elenb und a berragi Härzpy! Aß ijt mr gruujam niatig³, my liabi Mamma, baß i nib anbarijt chann. J waiß gwüß guatr ächt gnuag, waß b'miit mer ghah und waß b'a mer tua häjt; br liab Gott würt br'ß vergältä in br Ewifeit! Säg mer aber bbitti wäber in Böji, noch in Guatmeni meh Ettaß vo Sacha, bia nümma z'enbara jinb. Vorwürf z'ghöra wägä myner Liabjchaft butzat mi fajt; waß ma gega b'Vronegg jait, goht grab bür mi büür!"

Ai Trena über bi anber ijt ma=n abtroolat uf bß Göller⁴ und bß Brujttuach, wo=n er baaß gjait hät; b'Mamma, bia au ganz übernuh würt, zücht jy Chopf an jiera Brujt und

---

¹ überanjtrengen ² teilnamloß bleiben ³ unlieb ⁴ Hembfragen.

wil's ma mib da Henb bür bs chruus Hoor fahrt, tröstat's na: „Gält, du bist my liaba Christa! Tua nu nid aso schrija, i cha's nid gsäḧä un nid ghöra! J hann dr gwüß wärli nid weh tua wella, würst glauba! Bertru du nu dm liaba Gott, är waiß albig das Besta und würt au bier an Uswäg zaiḧa!" . . . .

A Hoffnagli, mit dr Bronegg noch amol zemmazchu, muaß dr arem plogat Purst notta noch ghah hah. Wenn er nu vom Seppatuni etscha-n a Bbrichtli überchemti, wer's au nu an ainzigs! Und entli git's es! Dr Kunterbenbler chunnt as Tags und bbrichtat ma: „D'Liabsti lessa na tuusigmol grüeza und är söll nu kai Angst hah, si bliba ma trü in alli Ewikeit. Kai Nacht vergangi, daß si nid vo ma trommi und dick sy bs Chüssi naß vom vyla Nähggä. Nu dr Tob chönna si usananbara bringa, b'Mentscha nid. Är söll nu Gabult hah, si brucha si au! D'Mamma chybi vyl mit ara und tü ara Urwärt aa [1] und dr Ätti verhüeta si in ara Wyß und Art, daß si hofeli meh zum Huus uus schmecka törfi. Aber as liggi nid vyl dra, denn alls Uliab trägä si gärä, bim tröstlaha Gabanka, daß bi Gott au baas mügli sy, was ubarmhärzegi Mentscha aim versägend. All und ai entig Morgend und Obend ligga si vor dr Muater Gottes uf da Chnü und bätti zua=n·ara, daß si dr liab Christa gsägni und bhüeti."

Wia bim warma Sunnachuß bs Bärgblüemli erwachat und si ufricht, wenn amol Schnee und Ysch awäckggobarat sind, aso isch au bm. Christa=n arganga; uf a Nüüs hät'r ghossat, nüerdings widerum frischa Muat gfassat. Dr Seppatuni chunnt noch meh. Wenn dr Schnee nid trait, schlasm[2] ist und wacker stollat[3], brucht'r aifach b'Schneeraif zum Überguß. Är will's yhoola, was'r im Vorwinter wägä ra=n usgrittna=n[4] Agsla versumma hät müesa. Mengi Bbrichtli tuat'r bür und

---

[1] entgelten lassen, unfreundlich begegnen [2] aufgeweicht [3] sich ballen [4] ausfallen.

hårä frebja[1] über bs chlai Fürggli an b'Vronegg und an
ba Christa, bia ma=n a guats Schübali Chruna[2] z'verbiana
genb, wil'r nüb uustätschät[3] und in demm Stuck a verzwickta
Pfiffikus ist wia nid lycht aina=n uf zwai Bai.

So goht br Maja verby und a Tail vom Brochet; wyt
uuf in b'Plaisa[4] und b'Grinba hät's br Schnee zemmaputzat[5]
ghah und mid dm Bäh ist ma=n acht Tag früejer z'Alp us
suh in gwühnlaha Johrgeng. Und je meh br Summer vor=
gruckt ist, um au in ba hinbersta Bärgwinkla binna und uf
ba höchsta Grät bobna b'Spootlangsiarbet[6] — bs Schnee-
zargenga[7] — an a Borrt z'bringa, dah alli bia liaba Blüemli
und saftaga Chrüütli nümma lenger schlosa müesend underm
Winterlylacha und dm grusig schwärä Teckbett, um sa größer
ist bs Christa's Zuaversicht worba, un sa stercher sy Glauba
und bs Vertrua=n uf a glückselaga=n Usgang. Mit br iwendaga=n
Erstarchig nümmt natürli die ussrwenbig au zua. Für Zwai
tuat'r wärchä, kai Wäg ist ma z'wyt, kai Wätter z'schlächt,
kai Arbet z'schwär; überaal will'r br Erst und br Letst sy.
Und worum denn au? Är tuat's us Liabi zur Mamma,
bia sit br bakannta Unberrebig sy Sach zu jiera Sach gmachat
hät und noh und noh au br Atti ganz uf jiera Mainig z'bringa
chu ist.

Ach wia gärä wer er amol überbüra, um sy Maitli
z'gsähä! Bsunders dua hett er möga=n a Hengertraisli[8] macha,
wo=n er ga Mässä[9] hät müesa=n y in b' Fasuser=Alp. Bi
demm Aloos ist'r sagär a Schwick[10] nuf zur Furgga, um
büraluaga, villicht gär au um büragguh, aber wo=n er a=
focht si z'bsinna, wia schlächt b' Sach sür inn und bs Maitli
usfalla chönnti, ist'r mid schwärem Härrz widerum Fasus
und dm Haimat zua.

---

[1] tauschhandeln und hausiren [2] Krone, alte Gelbsorte = 1 fl. 36 Kr.
Bnbr. Währ. [3] ausplaubern [4] steiler Gebirgsabhang [5] geschmolzen [6] Spät=
frühlingsarbeit [7] Schneeschmelze [8] Besuchsreischen [9] Milchmessen [10] Augen=
blick.

Entli wiberum amol — Usgents Häuet isch gsy — überchunnt br arem Christa vo Nenzig kai guata Bbricht, by demm ma bs Härrz im Lyb fast erchaltat ist. „My Ätti", hät b' Vronegg sägä luh, „will mi an a stairycha=n alta Wittlig¹ — Tuni Späckbacher z' Bürs² — verhüroota. D' Hochzyt ist uf Micheeli abgstellt, bis baar muasa mi atschlüüssa und wenna mi benn noch brgegat ufluh, muas i uhni Gnab ga Brägetz in bs Chloster. Das elterli Vermöga fallt benn ba Paber z' Fälkirch zua. I han nu noch zwei Munat Zyt für mer; Herr mynes Läbens, was söll i afoha! Uhni by ist mr bs Läba nu an Überlast; as truckta mer fast bs Härz ab, wenn i nit benka chönnti, bu tetast my vorhi noch haima. Bsinn di, findst bu etscha=n an Uswäg! I lyba mi gärä für aswialang, wenn's nu zu bemm chunnt, was a br uf b' Zunga legga will, — my zu ra passenba Zyt überbüra z'fläuchna³ in by Haimat."

Christa=n ist nib lang uf'm Troggl⁴, was'r tua söll; schu lang ist ma=n a berraga Pla im Chopf umhagfahra. Jetz ist ma br Vroneggs Wuntsch grab Wasser uf b' Mülli ggricht gsy. — „Noh br Brattig hemm mer in br Nacht vom süsa=zwenzgasta=n uf ba sächsäzwengasta=n Augsta schwynenba Mu, bär nis für a spooti Raiß z' allerbest passat!" So tuat ar a bbrichta. „Sy uf benn parat zum Flüha. Uf Ummwägä würt's mer woll mügli sy bis zu bier in b'Nähi z'chu. Wenn b' zwüschat Zächnä und Ölfa an Agarstarähggli ghörst, chast benka, Christa tüe br hinberm großa Biarabomm in üerer Bündti baita. Schlych bi benn nu ganz lysli uf ba Zewa=n⁵ uf'm Huus und für bs Spääterä laß nu my und br liab Gott soorga. Z'verschlaicha⁶ bruchst gär nüb und laß liabr Alls bahinna; benn wenn i by hann, bin i meh us glückli und rych rächt übrig gnuag!" —

---

¹ Wittwer ² Ort bei Bludenz ³ flüchten ⁴ im Zweifel ⁵ Zehe
⁶ entwenden, verschleppen.

Stürvis.

„Willkomma zua nis! Du bist hüt grab früa us ba Febara!" — Dr Stürveser Senn, bs Luurhansi vo Majasälb *), sait's zum Christa, bär am Morgend vom süsazwenzgasta=n Augsta=n a Guatataggäbigott über b' Stürveser Hüttatür y rüest. „Kunnst gwüsser über Sanalaba vu Fasos härra? Würst amol daheimat nüb Ugrabs ha? Ober?"

„Wia ma's aluagat!" git Christa zruck; „alli Greebi[1] us'm Dorf chumm i un nid vo Fasus! As hät mi Etschas mediati[2] nhatriba, um in ara bsundara=n Agglägäheit mit br z' Rot z'guh, wil b' bi vo alla myna noha' Verwandta dür Erfahrig und a chlara Verstand uszaichnist, und b' am ehensta=n aim uf ba rächt Wäg hälfä chast. Du häst mer überhopt asa söol Liabs und Guats erwisa, bas mi rächt aschemmt, albig nu z'nih und nia nüb z'gih, aber wart nu, i will Alls im Denk bhalta und tuan br schu etscha noch amol a Stainli in ba Garta wärfä. J gfia aber, du häst grusam z'tua; as wer mer nib rächt, wenn a bi an br Arbet ushalta teti! Summa tuana mi nüb bsunders, im Gegatail, i tua rächt gärä=n a Wyli abhocka."

„Hei nu kei Kummer, Vetterma, du verhindarist my gar nüb; s' muas schu guh, i wüst nib, worum as es nib guh sötti! Mach bi nu kammod und tua brezys, as ob b' dahaimar wärist. Wenn b' warta kaast, will br sa gschwind as müggli a Tätschli maha ober a Türggamuas, welas b' liaber häst. Bis dar goht's schu noch a Wyl und du muast noch vorher Ettas ha, denn dr z' Morgat häst du gwüs schu Lengsta=n ahigstampfat. Se! nümm asoha Milch und hau vu demm Brot ab, das b' Majafelder Alpvögti sälber paha hät. Dia, das muas ma ra luh, verstoht bs Gschäft hegarisch[3] guat;

---

*) Spricht die Maienfelder Mundart.

[1] gerabenweges [2] unaushaltsam [3] ausgezeichnet.

bessers hemm mer noch gär keis gha und wemm ma dr ganz
Tag dervou schnabilierti, ma=n überkiemti nia gnuag; je das letst
Stückli dunkt eim ds best!"

„Erst noch! rächt häst!" rüemt dr Christa, bär grab a
wackara Moka=n abhaut, „b' Majasälbernä verstöhnd's us'm
äff äff, das muas ma na luh! Si sind nid nu uf dr Wyti
uermüebati Wärchbengla[1], si sind au ggalanti Huswyber und
löhnd da Seewaserna in allna Stucka gär nüd noh. — Wia
häsch au bahaimat? Alls by Lâbä=n und guat zwäg?"

„I tank dr! 's künnti au besser sy! Äs[2] sei grab jetz
nid am Besta zwäg, hät dr Zuasenn ussagholt. Dr Dokter
hei gmeint, wenn's guata söll, müeß si zwei Wuha in ds
Fläscherbad, das da Wyber am Allerbesta biena söll. D'Dökter
hend aber guat rota; ma ka nid sa guat vu Heimat awäck,
bsunders wemm ma=n a klina Goof hät und suß mit dr Arbet
aso überhüft ist, daß ma niana meh umkunnt!"

„So, so, benn hät das arem Bäsi Chüngi[3] jiera guata
Tail! Si überwärchät si gwüß, das ist kai Frog! In
demm Fall git's a si doch schlächt; sy nid besser braa und bu
bo hajobna. Guat isch amol, daß b'm Hellagachrüzstig bijat,
und wenn's ni nid etscha noch vorhi vu Alp schnyt, bu spää=
testens uf benn hai chast!"

„I muaß es säga, hür plangi rächt, heizku. Nu br guat
Luh hät mi verfüert, dr hürig Sennadienst azneh. I ha gär
nid ussa wella, aber Äs ist mr albig in da=n Ohra gläga,
daß i's tua söll, mer kiemend benn ehender ds Kapitäli abzzahla,
wo mer dur da Kauf vum a Manschnitz[4] Wingert in dr
Bofelgaß boba bm Heerafeld=Puur schulbig ku sind. D' Künga,
bia arem Gizguaga, hät's albig aso; si will Alls zemma=
gwärhat ha und ehzit kunnt's derzua, daß si nümma mag.
Au a=n isiggäggsta[5] Karra keit zemma, wemm ma z'vyl uflabt.

---

[1] rastlose Arbeiter [2] die Frau [3] Kunigunde [4] Flächenmaaß = 100 Klafter
[5] mit Eisenachsen versehen.

Ziera z'jäga: Stell etta Taglöhner a, ober, laß br boch au a
biz br Wyl — nützt gär nüb, nei, liaber Ummaräzga unb
Unimakomfoja¹ bis eis unb gnuag,² anbarft goht's amol nib.
Zletzt hät ma benn br Profit, aber kei guata! Wo ma söttaga
wetti liaber gär nüb wüssa!"
„Chönntist rächt hah!" sait br Christa bruf, „was ma
maint, uf br ainta Syta z'profitiera, goht aim kaput uf br
anbara. In berra=n Umftenb isch fryli besser, bu gangist
z'Johr⁸ nümma z'Alp unb blibist bahaimat! . . . . .
A by Gebs!⁴ vor i's vergässä, — lua, i hann br bo a rächti
Schenggaaschi⁵, a Röllali Stroßburger! Du nümst mr na woll
ab, tenk, i han na egschtara für by gkauft! I waiß ganz guat,
baß ma ba=n Alpchnächtä mib Nüb a söttagi Fräub macha
chann, us mib ama Tabäckli unb mib ama guata Schnäpsli,
sy's Chriefiwasser, Obsler,⁶ ober gär noch Jenzner⁷."
„Ei luag ma, was biar nib z'Sinb ku ist! Du bist boch
a Guata unb häst au noch Verstanb, bär ma nib bei Allna=n
atrifft. I by mit bm Tabak ganz uf'm Häpf⁸ unb nümm na
grausam gära. Vergält's Gott für bs Present! Aber — worum
machst bi nib zuahi unb tuast nib glanga, bas ist kei Arbet!
Nümm boch au unb biß nib närrsch; iß unb trink, sa lang b'
ba magst unb Ettas ahibringst! Gält, bu häst noch a biz
Gabult! I muaß für a Wyli in ba Keller unb sa balb as
i's nu a biz z'grichta kumma, guhn i mit br vorussi, um br
abzlosa, was b' mer unber vier Auga z'jäga häst!"
Ds Hansl tuat si chaibisch flyßa, bi nötagist Arbet uf
b' Syta z'bringa, unb wo bia amol a biz atschüekt⁹ gsy ist,
git 'r bm Vetter a Zaicha, baß 'r mit ma=n uschu söll.
„Vor'm Zuasenn unb Bazger¹⁰ möcht i kei Heimlikeita ver=
hanbla," losat er vor br Hütta bussna sym Vetter in bs Ohr.
„Beibi sinb varbalaschi Wunberkella¹¹ unb henb b'Nasa au

---
¹Herumftrapajieren ²bis auf's Äußerste ³über's Jahr ⁴bei Gott
⁵bescheibenes Geschenk ⁶Obstresterbranntwein ⁷Enjianbranntwein ⁸auf
ber Neige ⁹erlebigt ¹⁰Hüttenknecht ¹¹Neugierige.

gär in Allem binna, was fi wäber vu Hut noch vu Hoor
ettas agoht. Dr Zuafenn ift au fuß noch aswas a Halbnarr
und a tumma Tralari. Goht der faferbießz Kärli nit und ver=
gißt mer br Tabak uf'm Land uffazhola, wo i's imm doch
bei Kopfabhaua abbingat¹ gha ha, na nit z'vergäffa. Wärift
du nit fu, guat Nacht, benn hett's a langi Wuha geh künna,
i tarf nit bra tenka!" In ara Hoftat näbät bm zerfallna
Meinrab=Chilchi tüen fa fi erftella und bs Hanfi fahrt wyter
in fym Tifchgurs:

„So, bo ghört nis amol Niemat, und bia am Allerwenagfta,
wo bätta=n uf'm Frithöfli fchlofend! Als würt mr albig farjos
z' Muat, wenn i bo aha kumma uf bia ygfallna Greber und
gfia, wia b' Küa bruf weidend und ummatramplend, as ob's
gwönlaha Boba wär und Niemat brunder lyti. Dia Lütli,
wo bo ruaben d, fi henb au amol gläbt, gliabt, gfinnat, gforgat
und gräzgat fa guat as mier, und was ifch noch überblyba
vu na? A uys Hüfali Staub vu jierna Lyber, und vu ba
Hüfer a paar zemmakeiti Mürana! So goht's eba in br Welt!
Ufbaua—Zemmakeia! Wagfa und Blüa — benn: Verpaffa²,
Särba und Abfterba! Goht's üs amol anbarft? Um fei Hörli
beffer!*) — Aber was bin i doch für an arma Laggs³ und
a tumma Ggallöri⁴! Uhni daß i's wella ha, bin i widerum
in my alti Tyralyra=n⁵ ihiku; tua mer's doch z'guat halta!
Mer mueßend bi alta Stürvefer Stürvefer fy luh un nis
mit ba Läbaga=n abgeh. Säha Krifta, was b' für Neuikeita
häft!" — Där fait, är hai rächt gärä zuaglofat; afa chlaina
Buab fchu fy ma b' Gfchicht vo Stürvis albig bi liabft gfy.

---

*) Fäfi melbet in feiner Erdbefchreibung, bie Stürvifer feien an
ber Peft ausgeftorben; alte Chroniken melben aber beftimmt, baß bie
Stürvifer nach Maienfeld gezogen feien, nachbem fie biefer Gemeinde
gegen Ertheilung bes Bürgerrechts ihre Alpen und Privatgüter abgetreten.
— Die Ueberfieblung fand wahrfcheinlich balb nach bem Schwaben=
kriege ftatt. (1499).

¹ anempfohlen ² Verwelken ³ Dummkopf ⁴ Einfaltspinfel ⁵ Jeremiade.

Sy Sach chemmi noch früa gnuag an b' Tuur. Denn erzellt 'r über sy Holdschaft Alls, was mer schu wüssend, derzua noch Daas und Dises und git au noch aa, daß 'r in dr künftaga Nacht b' Liabsti über b' Bärgä häräsläuchnä well. Är möchta na froga, ob 'r imm baas mit guatem Grwüssa=n aarohti, und wella Wäg är für ba sicherer halta würti, bi groß ober bi chlai Furgga.

„Ja los Velterma," lot si Hans im a Wyl dernoh verluta, „a gföhrlis Tua isch es uf all Fäll, ma mag's aluaga, vu weler Syta=n as ma will. J nümma=n aber a, bu hejist b' Sach — Gfohr und Wog — wohl überleit und sa tua, was bi Gott armahnat! Wär weiß, ob i nib au brezys baas täti, was bu, wenn i in byna Schua stiend. Wenn b' Gfohr au groß ist, sa zwysl' i doch kei Augablick bra, daß dr best Gamsjeger im ganza Revier au a Maitli härra= z'bringa kunnt. Ufpassa muast aber schu as wia a Häftli= maher, denn weist, b' Pündtner sind bei ba Muntafuner lang ussi und bis zuaha nib in bsunderer Guust gstanda; nümmt mi aber au nib Wunder, as ist halt Krieg*) gsy und denn tuat ma banand nit grab mit syna Hentschli arüera. Noch nit sa lang isch sitr — Asangs ba Zwenzgerjohr mag's gsy sy — daß b' Muntafuner überhärra ku sind, um us üsern=a Alpa Stürvis und Egg bs Veh burriztriba, und Saha sind drbei fürku, Herrjeseßli wettagi — zum Hennahutta! Da=n Alpknächta, bia si mehra hend wella, isch grausam schlächt gganga. A Paar dervu heien s' mit Spärra=n¹ erschlaga und Anbari gab eisach in a Kessi volla strottlagi² Schotta gworfa. An Einzaga vu ba Knächta — dr Küer — ist z'flüha ku, bär denn in eim Lauf und furchtbar im Schnuuf³ drbur ussi

---

*) Anno 1621 im Herbst und 1622 im Frühjahr, zu welcher Zeit verschiedene feindliche Einfälle und Raubzüge in's her= wärtige Gebiet stattfanden.

¹ starke Prügel ² siedend, strudelnd ³ bei fliegendem Athem.

ist, beim Bab¹ verbei und über ba Kamm bm Älpli² zua.
Döt hät'r si erstellt, sy br groß Alpbürhel³ an bs Muul
ghebt und lang lang gega Majafelb ahi plosa, daß si's bunna,
wenn's au zwei bis brei Stund wyt ist, ganz guat ghört henb: *)

Oohü⁴! Oohü!
Eu gilts bunna z'Majafelb!
Oohü! Oohü!
Losend uuf, was y vermelb!

J bürchla hoch vum Älpligrot
An Uglücksliab, bas Eu agoht!
Dr Find ist über b' Bärga ku,
Hät Knächta tödat, bs Veh üs gnuh.
Vom grösta bis zum klinsta Tier
Ist Alls awäck bis an a — Stier!
Z' Atflüha ku bi einzig y,
Um z'brichta=n Eu, baß Alls ist hy!
Herrjeses Gott, ist baas a Not!
Kiemt b' Hülf au gschwind, si wär schu z'spot!
Vor mynn=n Auga lit's wia Flor,
My Herzbluat rinnt bur bs Bürhelrohr.
Kunnd weili, wenn er ku noch wend,
Ds Herz stoht balb still, — mit mier goht's z'End!....

D'Majafelber sind bua hurtig uffi in b'Alpa und hend
nüb meh Läbigs atroffa=n as an alta ghinkata Stier **). Dm

---

¹ Obersäß ber Alp Egg ² Berggrat mit freier Aussicht in die Herrschaft ³ Alphorn ⁴ langgezogener Vergruf.

*) Volkssage.

**) Ähnliches geschah bei ben Plünderungszügen im Schwabenkriege. — Am 23. Juli 1499 raubten die Feinde vom Gebiete der Gerichte Schiers und Castels 500 Schafe und 50 Ochsen. Ein ähnliches Mißgeschick widerfuhr der Gemeinde Küblis am 12. August, und ebenso Stürvis, am folgenden Tage. Am 17. August wurden auf Guscha einige Ställe eingeäschert. (Moor's Curr. Geschichte).

Küer uf'm Älpli boba henb Zeh au nůmma weh tua; ma hât na aſa tot gſunba. Rüebig iſt 'r uf'm Rugga gläga, br Bürhel in ba gſtarrata Henb, b'Auga ſpeeroffa, a matts Lächla=n uf ba Lippa — br Wiberſchy vu ſym Helbatob!

„Bei'm Bloſa ſeiem bs Härz verſprunga", hät's im Volch gheißa unb i nůmma=n a, as ſei ſo gſy, benn uf'm Bürhel hât ma ganzi Klümpa gſtockats Bluat uſſaſchottla künna!" —

„Ei bhüetis weß gſägenis, muaß baas nib a Regl[1] gſy ſy!" unberbricht Chriſta br Erzellenb, „unb wo wärbenb au bia iſama Siacha[2] mib bm Väh über ſy?"

„Das ka br y ſchu ſäga! Dia laiba Tonbara ſinb mit bm Veh über b'Kellerna[3] gfahra, benn henb ſi ſi um ba Tſchingel ummi gluh, bas heißt, ſi ſinb vorwärts bur bs Schofthäli, bur ba Heubärg unb über ba=n Augſtabärg bis uffi zur großa Furgga. Vu bötta=n awäck henb ſi guat maha ka, ſi ſinb uf br eigna Grächtikeit gſy unb henb ba Pünbtner a Gugger meh brnoh gfrogat. Spöter, im a Johr bruuf, Anna Zweia= zwenzgi im Heuet, henb b'Muntafuner jierua Luh bopplat unb breifach überku für Alls, was ſi usgüebt henb. Kaibamäßig hât ma na bua uf b'Fingara tätſchl, baß na faſt übel worba=n iſt. D'Pünbtner ſinb nemmli im ſälba Summer über brei Brättigeuer Päß überi in bs Muntafu, henb benn b'Puura ghörig gwinklat[4] u na=n a wackari Kriegsſtür ufghalſat. Vier= tuſig Dukata henb ſi bbleha müeßa unb brzua noch Alls zrugg geh, was ſi ba Pünbtner gnuh gha henb*).

Vu bua a henb ſi nüb meh bigährt, in üſeri Alpa härrazku; gmottat[5] würt's ſchu noch wacker in na ha buazmola unb

---

[1] Orbnung [2] Kerls (Ausſätzige) [3] Gebiet bei Stürvis [4] in bie Enge treiben [5] glimmen.

*) 7. Juli 1622: Rachezug ber Bünbner in's Muntafun unter Oberanführer Rubolf v. Salis. Moor ſpricht von 4000 Gulben; F. Sprecher bemerkt in ſ. Hiſtoria S. 470, bie Contribution habe 4000 Dukaten betragen.

grwüsser au jetz noch; kaast br's vorstella! Därrig Hendl rühend gwönli varmalabeit lang nohi und wemm ma jetz aßfilas au Friba hät, sa kunnt bs Trätzla¹ und bs Leibwärha benn und wenn notta noch vor und wemm ma=n eim etta=n ama=n Ußort z'verwütscha kiemt, benn guat Nacht, benn wär ma=n alt gnuag, bas ka br y säga! Wia gseit, paß uuf wia br Gugger und laß bi, bbitti, niena trappiera.

Häst b' kei Pistola bei br, sa kaast mini mit br neh; etta=n a Stuck Woosa muast ha, si kunnt br ehar as nid noch wohl ku. Gält, a Schnätz² häst? A rächta Ma goht jo nia uf a Wäg uhni br Schnätz im Sack. Für burri gohst über bi keintwäder Furgga uf euerer Grächtikeit; bu tuast grwüß besser, über bs Jiesfürggli z'guh, benn bu kunntsch es au uf bemm Wäg ring und khand und reschgierst berbei noch lang nib sövl wia uf ba=n anbara zwei Übergeng, wo albig meh Lüt umastübend as uf br Jieserslta. Uf'm Härrawäg macht's benn bei tunkler Nacht vil wenager uus as bei Tag für burri; b'Finanzer³ wärbend a Goppel nit bi ganz Nacht abor⁴ sy und etta=n au liaber a bitzli Abligga ober jierna gewohnts Schlösli maha; si wärend au Kelber, wenn si's nid tätend!"

„Das wer Alls hübsch und rächt, my guata Vetter Hans; aber tenk au wunder Gott, wia söll i bo über Jies br Wäg finda, wo=n i nid Stuck Chünbi waiß⁵ und nia zu keiner Zyt bort über gganga bin!"

„O, bas brucht br kei Kummer z'maha; brsür kenn y br Wäg guat gnuag, sa guat as bo üser Säß. Lua, bu gohst bo uffi über b'Stäga⁶ und über b'Palma bis uf Jies. Wenn b' amol uf'm Obersäß bist, lohst br Tristel⁷ rächts und gohst benn über bs Läger fast eba brbur ihi. Rächter Hand ob br häst b' Rothwand, bs Roth=Kys und bs Wyß=Sand. A karjosi Sach isch es, daß ma uf Jies hy und wider noch alti

---

¹ Placken ²Taschenmesser ³ Grenzwächter ⁴ aufrecht ⁵ sich gar nicht zurecht finden ⁶ Ortsname ⁷ Bergname.

Schnäggahüser, Muschla und berra Züg meh atrifft. Ama=n
Örtli findt ma, was gwüß a felzna Fall ift, prächtagi Füür=
fteina zum Füürfchlaha, wia man fi nit beffer wüüfcha ka.
Tuaft bu a Wyl in bär Richtig, wia dr aaggeh ha, vor=
wärts tappa, fa kunnft in a ftarhi Stötzagi, dur bia du uffi
muaft, um entli uf bs Jtesfürggli z'ku, demm fi überena=n
au Saminajoch fägend und das gnau fibatufignühundert und
zwenzg Schua hoch fy föll. J fälber ha's nib gmäffa und
wia ma's agftellt hät, um fo Ettas uffazbringa, goht über
a=n eifaha Puuraverftand. Uf'm Fürggli gfiaft linker Hand
zwei wackari Bärggröt, dr Vorder= und dr Hinder=Graufpitz
und uf dr rächta Sita garrat¹ obm Wyß=Sand a wätters=
großa Kärli vu achttufig fegshundert und fiba Schua Höhi
in b' Luft uffi, — dr Schneethälifpitz. Nib a jeda Bärg hät
b'Ehr, b'Grenzmarch vu drei Lender z' fy, wia bär, denn uf'm
Spitz doba tüend fi b'Hand bütta: dr Kantu Graupünbta, bs
Liachtafteiner Lendli und bs Voralbergifch, oder bs Öftrihifch.
Übr'em Jtesfürggli bena und z'hindarft im Saminathal heißt's:
im Näf und benn au im Bäraloch; bs Bettlergrötli fcheidat
beibi vum Gamperbuthal. Ds Näf, für burri rächts, lauft bm
Bettlergrötli zua; bs Bäraloch zücht fi gega bs Schneethäli
ihi. Ahiwärts in bs Saminathal trifft's dr dur na wildi
Gegat gab ftarch nitfi z'laufa und kunnft denn entli in b'Alp
Valina. Dr gröft Teil vum Samina ghört ba Liachtafteiner.
Ds Tal hät a Lengi vu füüf Stund, goht ahi bis ga
Fraftaz und würt vor fym Usgang uf beiba Sita vu hoha
Bärga=n ggfaffat, links vu ba Drei=Schwöftara und vum
Rojabärg, rächts vum Gurtifpitz .... Halt b'bi, bbitti,
underwägs niena z'lang uuf und gang liaber albig gftät² vor=
wärts; ma kaa fi abfunna varmalabeit licht verfchnäpfa³ oder
vertätfcha und benn guat Nacht Elfi, für bs Kefi, für bs Waffer
und bs Brot bruchtift nümma z'forga. Wenn dr aswär akuu⁴
fötti, fäg bu gab eifach, bu müeffift ga Vabutz oder ga Fra=

---
¹ aufwärts ftreben ² langfam ³ verreben ⁴ begegnen.

ſtaz uf ba Marcht wäga Veh, ober ſäg mieraa was b'witt.
A wackara Stuck bunna im Tal kunnſt zur Alp Stäg,
vu wo uus linker Hand über ba Kulm a guats Strößli gega
Vabutz ahi goht. Nächts vu bötta gſiaſt zwüſchat bm Hahna=
ſpilberg und Stachlerkopf ihi a ſchüüs Sitatäli, ma heißt's:
bs Malbu, und a Teil ſägend em bs Himmelbu. Jn bas
muaſt ihi, wenn b'über br einzig orbali Paß — bs Saieiſei-
Jöchli — in bas anber Tal überi witt. Zwüſchat bm Augſta=
ober Schofbärg vu br obera, und bm Ruha= und Dgſabärg
vu br unbera Sita, kunnſt benn eba in bs Gamperbu burri,
ugfohr bei Stofelbu und ganz nooch bei Sant Rohus.
    Dr Wäg bis bötta z'finda, iſt, wia gſiaſt, gär kei Kuuſt¹
und witer ahi, häſt mer vorig gſeit, ſejiſt jo ſälber ſchu gſy.
J glauba nib, baß b'ſähla kaaſt. Sötti's ber Fall ſy, baß
b' z'früe am Tag in bs Gamperbu burri kiemtiſt, ſa tua bu
liaber etta=n uf ama=n abglegna Pergüüli² a bitzli usruaba;
bu häſt bs Erſchnuuſa gewüß nötig für ba grauſam Nacht=
ſtrabatz und kunnſt ſo au wenager in b'Gſohr, ba Gamperbuner
in b'Fingara z' laufa. Botz Herrſchaft ihi, hann y nib a
Wunber, bis i weiß, ob AUs guat gganga=n iſt und ob bu
br Alt z' bſchytza³ ku biſt! J verzipfla⁴ faſt, bis i ettas
Nöhers erfahra; bu würſt mers woll in br Gſchwinbi z'wüſſa
tua, i rächna bruf!"
    Chriſta, bär bs Hanſa=n Egſchplizierig ganz guat begriffa
hät, ſait: „Du biſt br Erſt, bemm i Bbricht giba und i will
br au in alla Taila folga. Vergäſſä tuan br's nia, baß b'mr
zuagſtanba biſt und b'mr uf all Wys und Art gholfa häſt.
Laufft AUs glatt ab, ſa biſt bu bri Wucha noh Hellagachrüzſtig
üſer Spuſafüerer."
    Dr Senn lächlät und maint: „As iſchi nib br wärt,
was i tua ha; mer ſind jo uf br Wält um banand z'hälfa;
zu was Anderm ſuß? Wenn i mi uf benn baheimat los=
zmaha kumma, will i am Hochzit nit ſähla!" — „Kumm, wenn's

---

¹ Kunſt ² kl. Heuſtall im Gebirg ³ betrügen ⁴ vor Ungebulb vergehen.

dr rächt ift, wemm mer alsgmach dr Hütta zua, daß i nohluaga
ka, ob b'Sach nid ftuh bbliba=n ift. Wenn b'Lüt fälber nid
wend, ifch halt a gfählti Sach; gfchäha tuat nüb ober amol
nit vyl, wemm ma nit fälber albig drbei ift und ufna=n umma=
rittat. Ds Hübfchift vu Allem zemma=n ift noch, daß gab
bi ergfta Schnorrni[1] und Ufbigäri gwönli nid bi Flyßagfta
find und vylzit meh verderba tüend as nütza!" . . . .
Under demm find Beed von jiernem Hock ufgftanda und
wil fi widerum zur Hütta zruckgöhnd, luagat Chrifta, där a
Stübli Haidnifch=Wundchrut[2] in dr aina Hand hebt, vo=n
ugfohr drbüruuf. „Bis ga=n Jies härä, fait r', fy er vor=
färä=n[3] amol chu, wyter aber noch nia. Uf drfälbä Tuur hai
er nid wyt vo ba Platta=n a fchneewyßes Gamstiar gtlöpft
und a Johr drnoh au a mächtägä Staibock türnat grad
faft an ba Chällerna zuahi, etfcha hundert Schritt vo dr Golb=
gruab, bia, wia er erft fpäter vernu hai, ba Majafälber ghöri.
Z'Seewis tätfchä ma=n Alladerlai vom fälbä Bärgwärch,
Gfchybs und Tumms, ma chemmi nid rächt bruus. Aswas
Apartis müeßi's mit demm Loch, das ama=n unberirdafcha Gang
glichi, fchu fy; wemm ma=n a bitz Hirni hai, müefa ma baas
gfähä. — Hans wärbi us Majafälber woll müffa, wia fi
b'Sach verhalti; as nemma na nu Wunder, worum jetz Niemat
meh an bs Graba tenki, mid lychter Müa chönnti bo Aina a
rycha Maa wärbä. Är müefi's fägä, inn amol hetti's rächt
agmöchtalät[4], in ba Gang yzguh ga nohigrübla, um z'luaga,
ob 'r nid a wackara Tfcholla[5] Golb z'arhafcha chemti." „Das
hetti by nüb gnützt!" lächlät Hans a bitz bösärtig, „J amol
gieng nit ganz ihi, um kei Gält nit, das tät mer not! Stt
ma bs Bärgwärch bötta nümma tribt, weiß ma vyl, was
fi binna für na kaiba Ruftig[6] agfammlat hät. Ufer Küer ift
amol nu vu wundersbwäga=n a paar Tritt ihi, aber er ift gfchwind
widerum zrugg uffa ku mit dm Grind volla Spinnawuppa[7]

---

[1] Maulhelden [2] Heilpflanze [3] vorletztes Jahr [4] reizen [5] Scholle, Stück
[6] arger Mifchmafch [7] Spinnengewebe.

und fuß au noch graufam verbräckat. „Hälmli"¹ feienb keini binna, aber vu Gägägsli², Flädermüüs und berra=n Uzyfer tüe's rächt wimsla, hät 'r gfeit!

Vor Zita, noch gär nit fa lang — wia mr an agfächna Majafelber gfeit hät, fei's vu Anna Zehni bis Sibazehni gfy — hei's in ba Kellerna ganz anderft brygfäha=n as jetz. As fei faft für bftimmt azneh, baß au baas Bärgwärch bm rychfta Plurfer=Heer — ama Klos³ Vertema Franki — ghört hei.*) Zerft hät ma wia's fchynt wuetig vyl Golb gfunba, benn aber alengari wenager bis es fi nümma grentiert hät witer z'graba. So ift b'Sach noh und noh in ba=n Abgang ku und fpöter hät kei Mentfch meh bigährt, b'Grabarei uf a Neus azfoha. Beffer grentiert henb bm gliha Heer b'Bärg= wärch am Parponer=Rothhorn und z' Filifur binna, wo=n er Tyrsler=Knappa fchaffa luu hät. D'Rychtümer, wo br guat Ma us ba Bärga und fuß im Handel und Wandel zemma= zramifiera ku ift, henb em nid grab lang warem ghebt⁴. Anna=n Achtzehni, am füfazwenzigfta=n Augfta**), am Obet uma=n Achti uma, ift a hoha Bärg uf bs Stebtli Plurs ahakeit und hät als zemma zuateckt, dr rych Vertema Franki mit fym ganza großa Vermöga natürli au bminit!"

Dr Hans, bär alti Gfchichta und Saga uf ba Negl hät und wia a Buach erzella chann, hetti gwüffer noch meh gwüßt, wenn är und fy Vetter unberbeffa nib fchu vor dr Hüttatür achu gfy werenb. Gfchwind wia dr Tuufig ift dr Senn über b'Tür ygfprunga und hät im Augablick — Chrifta=n ift fi hofeli um= zchehra chu — b'Tatfchig im Tua ghah. Wia fi dr Vetter drgega=n au gwehrt und gfait hät: „J mag gwüß nüb meh und wenn's au grab dr Bach ferggati⁵; tua mi bbitti, bbitti nib überbanka⁶,

---

¹ Wiefel, Hermelin ² Eibechfe ³ Nicolo ⁴ keine lange Freube bereitet.
⁵ Bezeichnung des Überfluffes ⁶ nötigen.

*) Zwei Originalmanufcripte vom reichften Plurfer, Nikolaus von Vertema Franchi, bas Datum 1602 tragend, befinden fich im Befitze bes Verfaffers. — **) alten Styls.

i hann gär nüd meh nötig, as wer ja z' Unutz ¹!" sa muas'r bm
guatgmainta Gnöt entli notta nohgih und zuahisitza. Nu um
br Vetter nid z' ertäuba, bräit 'r bm Gäbäch an orbalis Öhrli
ab² und nümmt, bas' khender brbürab mögi, a paar wackari
Schlück Schlegmilch³ brzua.
Lang loht 'r si aber nümma=n ufhalta; verspätä well er
si nid, maint 'r. Gschwind stoht 'r uuf, nümmt bs Renzli
an b' Agsla, bi atliha Pastolla in b' Täschä, a wüetig starcha
gknopsata Dörastäckä⁴ unberan Arem, truckt sym Vetter bri
viermol toll und wacker b' Hand und goht.
Gär nid lang brnoh, wo br Hans widerum vor b' Hütta=n
usgoht, um a Gguggli brbüruuf z'tua, gsiat 'r br Christa schu
uf ba Palma bodna, wo's us br Stötzagi in b' Ebni übergoht
und wo nid wyt brou br Jiesbach — vilzyt a wackers Wasser
— über a Felswand, bia a Guats za hundert Schua hoch
sy mag, schummend in b' Tüfi tonbarat.
Das, was ma=n im Usstägä über b' Palma z'gsähä
chunnt: bi schnittlatgrüena⁵, prächtägä=n Alpwaida, mit ba
wohlschmeckenba Blüemli und Chrüter — bo und dört schälle=
lends Väh bry; bi grossa und bi chlaina Bärgä zringum
tailwys brwasmat⁶ bis zobarist, tailwys wia uralti Stai=
benkmäler vo br Zyt und vom Wätter zerfrässä und am
Verrüsana⁷; denn au br wundersamm hübsch Jiesbachfall,
z'verglycha ama mächtig grossa Silberband — Alls zemma=n
a Prachtbild, hübscher us bas allerhübschist Guggkastagmäli⁸
— gfallt au bm Seewaser=Purst aso übernatürli guat, dass
er a guati Wyl ganz verstuunat still stuh muass. Vor Zwäg=
guh tuat'r wia zum Bhüetigott noch br letzt Gugg ab in ba
hübsch Talchessel vo Stürvis und gsiat im sälbä=n Augablick
bunna vor br Hütta sy Vetter Hans, bär ma mid ama
Schnupstuach utüüggerli⁹ schwingt. Är will br Gruaz natürli
nid schuldig blyba und schwingt bm Dunnaga¹⁰ ebafalls mid

[1] Luxus [2] beträchtlich vermindern [3] Buttermilch [4] knotiger Hagedorn
[5] grün wie Schnittlauch [6] berast [7] im Verfall [8] Panorama [9] sehr stark
[10] Untenstehender.

ſym grauwa utonderli groſſa Wätterhuat. Um b' Sach gär
egſchtara guat z'macha, loht 'r a paar mächtagi Jüüz ab, baß
ma ſi fiila bis uf b' Abi¹ büra hetti ghöra möga. Zwei
Pirger² im Engi=Tobel*) bennat unb Aina, bär bunna a
Stückli vom Wasserfall, im ſognannta (Egger=Mäßwinkel**),
zu=n ara Triſta=n³ a Latta zuaggrüſt hät, ſind bi derr Juuzata
rächt z'Luft gfahra, henb umhaggäuglät⁴ unb a grimmiga Wun-
ber ghah, wär baas au ſy möchti. Hans git b'Jüüz mib ama=n
„Oohüü" zruck unb brummlat, wyl 'r wiberum au ſy Arbet goht:

„Guata Kriſta, wenn dr nu nüb paſſiert! I ha beim
Sackerment doch a biß Angſt um bi! Wia kaiba ſchab wär's
um da hübſch Purſt! Aber nei! er haut ſi ſchu burri! Kreiz=
Battalju! hät bär nib a Paar Arma unb Bei, wia Bömmli!
Guod Gott, wenn Eina bemm unber b' Fingara kiemti! er
ſchliag na zemma wia b's kalt Jſa!

Wia grauſam trurig wär's, wenn's bena Zwei giengti,
wia dm Stürveſer=Päärli, dr arma=n Ely unb jierem Oswald***)!
Ds hindarſt Mol, wenn i am ſälba=n Ort verbei guh, wo ſi
gſtorba ſind — är obm Stei, ſy unberm Stei — Beibi
in br Jugetblüeti unb b's Herz voll Hoffnig unb Seliteit —
kunnt mi faſt b's Brälla⁵=n a." —

¹ Ortsbezeichnung ² Wildheuer ³ Wildheuschober ⁴ herumblicken ⁵ Weinen.

*) Am 30. April 1799 paſſirte ein öſterreichiſches Corps — 1 ½
Bataillone ſtark — das Engitobel, um am 1. Mai den die Steig beſetzen-
ben Franzoſen in den Rücken zu fallen. Beim Abſtieg burch das Engi-
tobel gingen eine Menge Solbaten zu Grunde. Das Corps hatte eine
große Lawine zu überſchreiten, unb ſo geſchah es, daß ausglitſchenbe
Solbaten den vorausletternben Mannſchaften in die Bajonette fielen.
Der gut kombinirte Seitenangriff der Öſterreicher auf die Steig mißlang
in Folge zu ſpäten Eintreffens dieſer Heeresabtheilung.

**) Dort ſoll das Haus der Reſa Senti geſtanden haben. Es iſt
dies diejenige Perſon, welche die bebauernswerthe Ely noch z u l e ß t —
Abenbs 10 Uhr — geſehen, wie dieſe auf der Suche nach ihrem Oswald
bort vorbeigegangen, um im Leben nimmer wiederzukehren.

***) Die Erzählung „Ely (Eliſabeth) und Oswald" erſchien in den
Vierziger Jahren in den „Alpenblumen". Der hiſtoriſche Felsblock, an
den ſich das traurige Ereigniß knüpft, ruht noch an derſelben Stelle,
in einiger Entfernung vom jetzigen Alpweg nach Stürvis.

5. D'Sach chunnt uus.

Dr Seppatuni, bär bs Kunterbenbla nu aso zwüschet y und grusig haimli trybt, — z'erwüscha ist ma na noch nia chu, wil'r gär glumpfagi¹ Bai und rächti Gyra-n-Auga ghah hät — ist brezys am sälbä Tag biim Tobel-Nanzi², Gschwüstertichindvetter vom Büelhuaber, in br Gampertuner-Wys bi Zat-Rochus z'hinderist im Gampertuthal uf'm Tagluh — am Häuä. Dr Nanzi, im Allgmaina=n an uverschaminta³ Tribilieri⁴ und z'mehr Zyt a grimmaga Zabli, bemm bs Umhataara⁵ und bs Gääggälä=n⁶ a rächtä Doora in ba=n Auga gsy ist, und bemm nib lycht Ais gnuag und zum Dank wärchä hät möga, machat hüt an Usnahm vo sus, denn bim Ylegga⁷ goht Alls as wia ama Schnüerli. Beed Häuträger, br Seppatuni und br Franzsepp, und au b'Taglühnerna, wo Wüsch macha⁸, Sailata⁹ laba und nohirächä¹⁰, henb müesa, springenb und göhnb doch a, as ob bs Wärchä vo hüt hy verbolta chem. „Ar trui bm Wätter nu halba," hät br Patru um ba Mittatag um, gschwind noh em Chehra, zu syna Lüüt gsait. „Da Wolka noh chönnti's grwüsser us nib gsy enbara, si hajenb nib br rächt Gang und jiernem Uussähä noh sy's meh us nu läri Sach¹¹. Um b'Häuig um luag er albig uf zwai alti Puuraregla, bia in br Brattig stenbenb und bia inn noch nia agfüert hajenb: „Wenn bs Gwölk fahrt gega ba Rhy, söll ma bs Häu la sy; wenn's aber flügt gega Hall, muas ma mit ma uf ba Stall!" so haißt bi eint und bie anber luutat: „Obenbröti — Morgenbschöni; Morgenbröti — Obenbsötschgi¹²!" Tüa si Alls rächt flyßa und wacker zemmanih, baß ma bs Häu hüt noch vor'm Rägä unber Tach bringi, so chemmi's imm benn nib bruf a, br Tagluh um fūūf Chrüzer ufzbessara, u na noch a rächt's Spootmarenb¹³ z'gih, baß si noch kai bessers ghah hajenb."

---

¹ elastisch ²Anbreas ³unverstänbig ⁴Dränger ⁵langsames Arbeiten
⁶Arbeiten ohne Schneibe ⁷Heu einheimsen ⁸in Wische pressen ⁹in Seile gebundenes Heu ¹⁰nachrechen ¹¹regenloses Gewölk ¹²Nieberschlag ¹³Vesperbrob.

Dr Nanzi ist, wia ma gstat, gschyd gnuag gsy, um z'wüssa, daß ma, wenn ma guat fahra will, bs Schmiera und bs Salba nid vergässä tarf. D'Erfahrig vo hüt hät ma in demm Stuck würkli Nächt ggiß, benn b'Arbet ist gär ruckli[1] vo Statta gganga, as wia tenkt und wia gsunga.

Gschwind noh ba Dria ist bs Häu bim hindersta Bitz schu uf'm Stall binna. Di allmächtig groß Häulegi[2] — a wahri Haid[3] — ist aso ypissnat[4] und ygstampfat volla bis an b'Rafa[5] uuf, daß ma kai Tüacheilli[6] meh yprunga hetti. „Das sy benn doch a rächts Häujohr gsy," maint br Puur, „a söttaga Stock, bär gwüß wia a Felsa z'ligga chemmi, haj er noch nia laina ghah; amol bi a paar Fuader[7] synd's meh us anber Johr, söul gsäh'er.

„Was baas au für a rars Gfüeter sy," rüemt 'r wyter und hebt a Hempfali unber b'Nasa, „schmecka tüe's schu, as sy a Luft und a Fräud. A söttaga Stock Häu z'hah mib kaim ainzaga Löckli Fugs[8] bry, baas well doch etschas sägä, in füfzg Johra chemmi Söttigs nid zähä Mol für."

Ds Wyb vom Nanzi, bs Denzi[9], tuat bs Chuchifaisterli offa und rüeft gega bs Tenntor büra: „Worum tüenb'r noch verheba[10], wenn er ja schu a Wyl fertig sind? Machend jetz, daß er ihachönnd; as ist Alls grüst und uf'm Tisch!" Uf bas ab bräglät[11] Alls in bs Stübli und an Ziebers höckt si an sy Plätzli, wia's bs Huswyb ggorbnat ghah hät.

Hät baas in bemm engga Stübli binna für a Lärmä ggiß, wia amol bs Dischiniera[12] aagganga-n ist; ma hetti maina möga, ma sy an ara Nüjährlätä[13] ober anara Letzalig[14]. D'Taglöhner überchönnd Wy, sa vyl as si nu schlucka mögend; b'Chüechli, bs Wyßbrot, b'Schüblig, bs tiga[15] Fleisch und br Plätterlig[16] bruchen si au nüd z'spaara. Kai Wunder,

---

[1] hurtig [2] Heulager [3] großer Raum [4] gebrängt voll [5] Dachlatten [6] Heutuch voll [7] Körpermaß [8] verwittertes Heu [9] Hortensia [10] zurückhalten [11] ungeregeltes Hineingehen [12] Speisen [13] Neujahrsschmauß [14] Abschiedsmahl [15] luftgetrocknet [16] Käse.

wenn ſi bim ma ſōttaga=n Aalooß Alls wacker zuahi machat,
wenn bi br Schwäri unber Tach tua¹ unb meh gſûpſlat wûrt,
us grab in bs Mäß mag.

Dm Seppatuni, bår ſuß kai Suuffer iſt unb us bemm
Grunb nia vyl verträgā hāt chönna, git br ſchwär Wy, wil
'r na a bitz z'gytig in b'Hitz y trinkt, uhegglisch über b'Naſa.
Är iſt luutprächter² us gwönli, pfnitzgat³ alpot⁴ unb trin=
ſchat benn unb wenn etſchas umha⁵. Dia um ba Tiſch um
gigarenb aſiamol bi brnoh Güß⁶, wo=n er zum Beſta git;
ſuß gen ſ' ma im Ganza nib grab vyl Acht, wil ſi wûſſenb,
baß ma bi Vſtäubtä⁷ grab macha luh muaß, bis ſi gnuag
henb unb vo ſålber uſhörenb.

Dr Z'Spootmarenb wûrta ſi noch meh in b'Lengi zoga
hah, wenn nib uf aimol bs Nochpuura Buab trohlaswys⁸
über b'Stubatûr yhachu wer unb am Nanzi gruſig aghalta
hetti, baß'r waibli bûra chu ſöll zum Ätti wäg ärä chrankna
Chua. „Ma waiß nib rächt," böberlät⁹ bs Büebli wyter,
„hāt ſi Etſchas ygſuſſa ober ygfräſſä, ober iſcht, wia b'Mamma
maint, etſcha gär noch verhäxät. Söyl iſt amol am Tag, baß
ſi wäber ſtuh noch guh meh chann unb am Toba zuahi iſt!"

„So, ſo, går noch! Das chemtani noch guat!" brummlat
br Nanzi. „Se! my Götti, bo hāſt a paar Chüechli unb a
Zipfali Wurſt, bu wûrſt, wia all Buaba, Appatyt hah!
Gang, ſäg bahnimat, i chemmi grab nohi unb well benn luaga,
ob mib Husmittel Etſchas z'macha ſy." Denn ſtoht'r uuf
vom Tiſch, zahlt ba Taglûhner br Luh uus wia=n er's mitna=n
usgmachat ghah hät, ſchenkt ba zwai Häuträger noch amol y
unb ſait zua na: „Preſſiera wärbenb er mit bm Haiguh noch
nib ſtarch; mr henb frûa Fyrobenb gmachat. In zwai a halb
Stunb chunnt ma's nu ſa khanb bis an ba Nenzigerbärg
ab; bis zu ba=n oberſta Höf rächnet ma=n amol nib meh. —
Was hemm mer jetz für Zyt?... Was i tenkt hann: erſt halbi

---

¹ reichlich eſſen ² geſprächig ³ kichern ⁴ jeben Augenblick ⁵ unentſchloſſenes
Betragen ⁶ Einfälle ⁷ Halbbetrunkene ⁸ plötzlich, raſch ⁹ kinblich plaubern.

Füüfi! — Sitzend nu noch a bitz, trinkend und schenkend nu ugschaniert sälber y, sa lang as er mögend. Villicht bin i zruck, wil 'r noch bo sind; für all Fäll sägän i amol „Bhüetigott" und „chönnd guat hai!" — Ds Denzi hät bim Ässä gmuatat¹ ghah, b'Taglühnerna chönntend noch vor'm Haiguh im Stallhof dia paar Bläcktali² zemmarupfa, si hettend wohl dr Wyl³ noch baas z'tua. Uhni Widerred tüen si's denn au und ds Nanzis Chind, dia vom Ässä=n awäck für ds Huus usgsprunga giy sind ga-n umhabocka⁴, chönnd z'hoha Sprünga zu ba zwai Wyber in ds Blacktabett und hälfänä=n asfilis b'Arbet gschwinder fertig macha. Ds Huuswyb hät in dr Chuchi noch a grusagi Arbet für ara. Dür ds Wytiwärch ist im Huus Alls in ba=n Uregel chu; vom Morgend und vom Z'marend ist noch Alls abzwäschä, si hät b'Milchgschier nid usbrüet, kai Schwygfüeter in ba Vortel⁵ grüst un nid amol bbettat. Ettas Söttigs chunnt bi=n jiera suß nia für. „Wär am Morgend nib a bitz ufrummt und b'Bettig nib in b'Ornig bringt, chann au am Obend nib gräch⁶ sy!" hät si si schu dick und vyl ggüßarat, wenn si uf b'Huusornig z'reda chu ist. Dr Seppatuni und br Franzsepp machend si nib vyl bruuß, baß ma nu sy ganz allai im Stübli zruckgluh hät; sa lang as si noch a vollni Guttara und zwei Gleser für na hend, mögen si's für a Wyl schu noch gmacha⁷.

„Ei säg mer", focht br Franzsepp uf aimol a, „worum häst hüt au gär a söttagi karjosi Gigarata verfüert?" — „Susum⁸!" überchunnt'r zur Antwort. „So, so! susum! afa wia b'Goofa⁹. Bist bu a söttaga=n Esalohri, my uf a berragi Art abspysa z'wella! Mainst, Seppatunali, i hai br's nib schu under Taga=n agmerkt, baß b'etschas Bsunders hah muast; für nüd verfüert ma nib a söttagi Gugata, nu für suß loht ma nib berra Möhgg und Pöhgg¹⁰ ab, sövl waiß i au!

---

¹anspielen ²Lattichart, Futterpflanze ³schuldig sein ⁴herumspringen ⁵Vorrat ⁶fertig ⁷aushalten ⁸darum ⁹Kinder ¹⁰stoßweises, halbunterdrücktes Gelächter.

Gib Söttigs nu ama hülzana Narr z'glauba! Zum Bifi hah[1] lohna mi nib vo bier, zu bemm bist bu noch z'churz gwagsa!"

"Ma gsiat, daß b'hüt bösa Wy trunka häst, suß chönntist nib aso in ba Tolber[2] chu," sait br Seppatuni. "A Heimlikeit hann i, a paar Schnüüz hann i abluh[3] müeßa, das ist wohr; göhnb aber myni aigni Sacha anber Lüt etschas a? ha?" "Ist schu rächt, bu chast mer gstohla wårbå mit byna Heimlikeita; bhalt si nu für by, sa goht's grab wett uuf!" Bi benna Wort ist br Franzsepp im a grusaga Schwyzoora vom Tisch ufgsprunga, goht benn bür Stubatür uus unb rüeft noch zruck: "Chast benn allai haischållå[4]; y amol gohn nümma mit br! Guat Nacht, i wünsch br a guati Bessarig!"

"Dia hettist sålber nötig, wüest's Chrottamennbli!" brummlat ma br Seppatuni nohi. "Ist Alls ais, wenn b' gohst, um a söttigs Überbai[5] verbrüüß i går nüb. Wüssa hätt' er's amol noch nib müesa, br Hansbampf! As ischi wohl br wärt gsy, aso z'tua; aber i hann schu gmerkt, baß 'r a Pigga über mi hät; wågå was, waiß i nib. Gschäch nüb Bösers us baas! Do chann i würkli au mib Rächt sågå: Sa fahr benn hy, bu stüppani Seel!"

Über bia uerwartat Störi ab hät's bua br Seppatuni au nümma lang allai in br Stuba glitta. Är goht in b'Chuchi uus, um vo br Püüri "Bhüetigott" z'nih, unb sait zua=n ara, si söll ma noch br Nanzi grüeza, wil 'r na schwärli meh z'gsähå chemmi. Är müesi jeh hai, as sy bi allerhöchst Zyt! Zum Uheil loht 'r si an bi wurmstichig Laina[6], bia bs Vorhuus[7] unb b'Chuchi vo br allmächtig tüfa Chällertuala=n[8] abspehra söll unb grab in bemm Augablick, wo=n er noch sågå will: "Gält Denza, bu tuast mer nüb für uguat hah unb nüb zürna!" loht's a grimmaga Chrach ab, benn, ma wer si

---

[1] zum Besten haben [2] Zorn, Aufregung [3] geräuschvoll lachen [4] heimschlenbern [5] überlegener Mensch [6] Lehne [7] Hausflur [8] Kellerloch.

hofeli z'bsinna chu, git's a schwärä Tätsch. Dr Seppatuni ist abzjäblät¹ in das tüf schwarz Loch, lyt bunna grab da Langa wäg und git kai Läbenszaicha meh von si. Dr Püüri, dia das Alls mib jiera=n aigua=n Auga gsähä hät müesa, würt's biahi schlächt, si loht ai laibara Rähgg us br anber ab, bi benua=n a ganzes Tschüpali Lüt zemmalaufend, um z'wundara, was aigentli ggih hai. Au br Nanzi ist underdemm fast laufaswys in b'Chuchi chu und erschrickt nid lützel, wo=n er a söttaga=n übernatürlaha Regl atrifft. Är ist aber nid br Maa vo langem Bsinna; mib noch Eim schlaipft 'r br Seppatuni über bi gähch Chällerstägä in b'Chuchi uusa und ou börta in b'Näbetchammara, wo ma br arem Kärli uf a Gguutschi² lait. Bim nähärä Visitiera vo ba Glider und vom Chopf gsiad ma, bass das rächt Bai hert ob'm Chnoda³ bbrocha=n ist, und bas si ob'm Gnigg a laibi grossi Schnatta⁴ gega das lingg Ohr hizüdzt. Nanzi und sy Wyb tüend Allaberlai probiera, um na widerum zum Läbä z'bringa; si machend chalt Umschleg über b'Stirna und um das bbrocha Bai, das Allerbesta, was ma in berglycha Fäll zerst tua chann. Denn tüen si au noch br grösser Buab ga Vals ab schicka, um da Senn Aloisi, bär si uf b'Baiyrichtig usnemmend guat verstoht, wia nid lycht a gstudierta Dokter. Uma halbi Sächsi umha mag's gsy sy, sa speert br Seppatuni zum ersta Mol b'Auga=n offa, gsiat denn br Nanzi und ds Wyb näbät dm Bett stuh und tuat si grusig abbaitza⁵, a paar Worrt nussaztrucka. „Gältend au, my liaba Lüüt, was bin i nid für an arma Tropf! Herrjeger y! Dr Härrgott hät mi entli amol gfunda; är würt's am Besta müsa, worum b'Sach grab aso und nid anderist guh hät müesa. O, wia weh tuat mer br Chopf und wia ist Alls a gru= sammagi Seeri⁶! wiatig Bengana⁷ hann i uf br Brust, as ist nid uszi'prächä, nai grüss nid! J maina grab, i hai im Bluat= chasta das baar Füür, für das ma nid gnuag Tünni⁸ usbrechti.

¹ fallen ² Lotterbett ³ Knöchel ⁴ Schnittwunde ⁵ überanstrengen ⁶ Wunde, Empfindlichkeit ⁷ Bangigkeit ⁸ Flüssigkeit.

Vorder-Prättigau.

„Sy nu rüebig, as tuat br grusig nib guat, wenn b' schwätzst!" unberbricht na br Nanzig gär liabärtig, „tenk, br Aloisi chunnt gly und benn wemm mer luaga, wia b'Sach stoht. Mr wennd bas Besta hoffa; amol vo üs uus söll br im Gringsta nüb abguh!"

„I gsia schu, wia erschröckali fry[1] und guat daß 'r sind. Gäb ni br liab Gott br Luh brfür!" stammlat br Chrank; „mib miar isch uus und Ama; kai Mentsch chamm mer meh hälfä und br Aloisi au nib; i merka's guat gnuag, wia mer ist! Wenn au nu br Kaplaa[2] hajobna[3] wer, daß i bychta chönnti, i hann aso grusam schwär uf'm Härrz und Angst brzua!"

„As trifft eba grab schlächt y," sait bs Denzi bruuf, „am letsta Mittwucha hät'r bas groß Mässopfer in üserer Kapällä ghalta, und chu tuat 'r vo Nenzig ufa nu all vier= zähä Tag. D' Bycht wer schu guat gsy für bi, aber wenn b' nu br guat Willa häst, sa=n ist baas schu vyl wärt. Fürcht br nu nüb, b' Muater Gottes ist gär a Guati und i waiß, si würt au by verträtä und biar z' Best reba."

„Aaha, i hoffa's, si tüe's," sait br arem Blüeter[4] mib albig schwecherer Stimm, „i bin an arma schlächtä Kärli und hetti b'Fürbitt grüß nötig, herrjeger y wia! . . . . . Ei gemm mer, bbitti, noch a paar Schlückli Wasser, as brennt mi älengerimeh! . . . . So, as tual's für amol! Ds Schnuufa goht ehenber etschas lychter; vergält's Gott, Denza! . . . . . . Chumm noch härä, Nanzi, hert a my Hopata[5], daß b' my khenber ghörst, i muaß br noch Etschas sägä, ebas Alls zemma z' spoht ist. Mib ama=n Urächt mag i nib über in b'Ewikeit; was i z'sägä han, batrifft by Verwandtschaft, z'maist aber br Büelhuaber, by Vetter!"

„I losa, tuan br boch nib z'Not[6], arma Seppatuni," sait br Puur, „mib Wüssa häst miar amol nia nüb in ba Wäg glait und wenn b' mit bm Vetter Huaber a Strübi[7]

---

[1] freundlich [2] Kaplan [3] hieroben [4] Tropf [5] Kopflager [6] überanstrengen
[7] unangenehmer Auftritt.

ober a Spatz ghatz hettift, wer's mer ficher au z' Ohra chu. Ds Kunterbandiera, wo ma biar etscha benn und wenn ufheba¹ hät chönna, tüend vyl Anber ja au, bu bift nib allai; bas ift amol kai föttagi Sach; bas bruucht biar, maint i, nib a berraga Chummer z'macha!"

Wil Nanzi br Uglückli afo tröftat, goht mit bemm uf aimol a großi Verenbarig für. As git ma=n a paar Rüpf und Zärr² bür ba Lyb, b' Bruft focht a z'wärhä und a großa Schwall Bluat fchüützt ma zum Muul uußa. Dr chalt Schwaiß tätschät übera=n=y und bs Gficht würt äfchä= farbig wia bima Gftorbna.

Albig möcht 'r noch Etfchas aagih, aber ma verftoht na wia ma fait nüb; b' Red ift nu aswas Muafata³. Über a Schluck Waffer ab, chunnt 'r boch noch föol z'rächt, daß ma na für an Augablickli verftuh chann. „Nanzi!" ghört ma na noch ftamnla, „hinnicht, in berr Nacht chunnt a Seewafer überhärä, bär by Bäfi Vronegg, bs Büelhuabers Tochter, mit ma büra nih will. J han benna Beebna br Vott g'machnt zwüefchat ba Beebna, bs Gälb hät mi brzua veraloohat. Denn hät mi au br bös Geift plogat, bm Büelhuaber a laiba Poffa z'fpilla, will i wägä=n imm amol ga Sprugg⁴ transportiert chu bin, um zwei Johr hinber Schloß und Rigel abzhocka, Als baas nu wägä rä Tregl Kunterband. Gott würt mer my Sünba verzüha u mer gnebig fy für Alls, was i nib rächt tua han. Gält, Nanzi, bu witt gfchwind berzua tua, hinnicht noch, daß b' bm Seewafer b' Sach z'verrigla chunnft. As wer guat, wenn's gfchechti, i mainti grab, i chönnti rüebager ftärbä. D' Chrefenza, bia mr nohmittem⁵ Winter fürgganga=n ift, muaß nib lang warta=n uf mi; i hetti's nib benkt, baß i fo gfchwind nohi müeßti. Aber as ift beffer afo; was br liab Gott wella hät, ift miar au rächt! . . . . O, wia karjos mer würt uf aimol! . . . . . Bin i uf ama Bärg

---
¹ vorhalten ² Konvulfionen und Zuckungen ³ reben wie mit Brei im Mund ⁴ Innsbruck ⁵ nach Mitte.

bobna?... Ja, aś ist wohr!.... J ghöra b'Bäch ruſcha und verſtohn ganz tütli a wunderſam liapliś Bähgſchäll, aſwo von una=n uuffa. Waś iſt baaś hört uf'm ſälbä Felſazingqa, wo b'Sunna a ſo häll bruſſchynt, daß aim faſt b'Gſicht vergoht? .... Luagenb, a Büebli in wyßem Hääś; albig winka tuat'ś mer! Waś baaś vo miar au welle möchti? .... Wart Büebli, wart i chumma!" . . . .

„Är hät br Verſtanb verlora und fantaſiert ſchu," ſait bś Denzi zu jierem Maa, bär an ba Fingernezel chüenb wia agſtruſat¹ amitta in br Dilli ſtoht, wia Aina, wo nib waiß, waś er tua ſöll. „Du"! fahrt ſi fort, „häſt g'hört, waś er noch bi guatem Verſtanb gſait hät? Gſchwinb brzua tua müeſiſt, ſuß nützi'ś nüb meh. Gang nu, tua Lüt awaigga, baß ſi ga Paſſa göhnb; bia Zyt chann i allai bim arma Seppatuni bliba, lang goht'ś uf kai Fäll meh!" — Dś Denziś Ermahnig hät gholſa, uf aimol chunnt widerum Läbä in ba Ranzi. „Häſt rächt", würggt 'r uuffa, „i muaß bigott guh. ſuß chunnt niś br Maitlaſchelm noch z'atwüſcha. Jeſeś Maria, gebti baś nib a Baſteta² für br arem Vetterma, wemm ma b'Sach nib z'hinbertriba chemti; grab butza chönnta aſa=na! Sa gſchwinb aś mügli bin i widerum bo, luag amol rächt zum Seppatuni; villicht baß 'r boch noch z'rächt chunnt. Dr Aloiſi chann jeba=n Augablick chu, benn waiß ma, wia ſpoht aś iſt"!

Noh benna Worrt iſt 'r aś wia a Rab zur Tür uuś³, über b Stägä=n ab unb bm Dörfli zua, um wacker Lärmä z'macha. Im Augablick hät 'r a ganza Puſchl Häuer unb Senna zemmagwaiblat ghah, benna=n är bi ganz Brüa uftiſchet unb bia vo imm utüſali ufgſetzt wärbenb geza ba malaſi; Pünbtner, bär ſo erſchröckali fräch ſy, bi hübſchiſt Wallgäuari mitma überbüra z'zöhka⁴. In ba Grunbśbaba=n y müezta ma ſi ſchemma, wemm ma nüb brgega tua wetti, reſiniert bś Mennbli bruuf looś. Daś ſy a trugliś⁵ Choor, b' Lüüt vo überbennat;

---

¹ feſtgenagelt ²Unannehmlichkeit ³eiligſt ⁴locken ⁵ſchlimm.

bhüeta unb gfägnä müeš ma ſi für na, benna ſy gär nüb
hailiq! Wemm ma benna Baſchgyra nib amol toll unb wacker
br Äriſt zaihi, ſo hai ma brnoh au nümma bi aigna Wyber
meh ſicher. Da Brättigäuer chönna ma gär kai Zuatrua
ſchenka, ſi hajenb a bſunbara Glauba unb tüeenb b' Muater
Gottes nüb eſtimiera, ſuß hetten ſi ja nib vor etſcha briazwenzg
Johr z'Seewis bennat br frömmiſt Maa uf Gottes Ärbboba
— br arem Paber Fabeeli¹ — erſchlaga*). Dr Chopf vom guata
Paber ſy im Gapizinerchloſter z'Fälkirch bunna z'gſähä; ſy Vetter,
br Zapeeri², hai na=n imm, as er amol by ma bunna gſy ſy,
uhni Wiberred zaihat u ma berby bi ganz Gſchicht erzellt.
Karjos ſy's ma fürchu, baß ma br Chopf ga Fälkirch ab unb
br Lyb uf ba Hof uus ga Chur transportiert hai**); baas
chönn er nia rächt bagryſſa, ſa bick us er bra z'tenka chemmi.

„Jetz wüßenb er Alls", ſchlüßt br ufgregt Nanzi ſy Chriegs=
red, „jier wärbenb ü baas hinber a=n Öhrli ſchryba unb brfür
ſoorga, baß b'Brättigäuer nümma härä chönnb ga Wybavolch
ſtählä. I waiß für ſicher unb hailig, baß br Vetter Huaber
bemm, wo br Maitlaſchelm z'faſſa chunnt, bi allerhübſchiſt Chua
us'm Stall z'Luh git; baß bemm aſo iſt, berfür will i guat=
ſtuh! A Paar ſöttenb uuf zur großa Furgga unb a Tſchuppel
zur chlaina, um, wenn's nötig iſt, an beebna=n Orrt bi ganz
Nacht z'ſchilbara unb bm Kärrli abzpaßa. Für Äßä=n unb
Trinka will i ſchu ſoorga, choſti's was' well!"

Nanzis Grünb finbenb guats Ghör unb br verhaißa Luh
iſt a rari Aarwaiggi³ gſy für berra Puurakärli, bia wia br
tuuſig uf a jebes Vörteli abgſähä ſinb. Acht hanbfeſt Menner
— Alls Lebig — ſinb br Hanb noh gſtiflat unb ggrüſt, um
Alli z'gmainem Not⁴ uf b'Spüsligſchäuchi⁵ z'guh; bi ai
Hälſti machat ſi näbät br Alp Güfl uuf zum Bartummeljoch⁶,

---
¹ Pater Fidelius ²Superior ³Veranlaſſung ⁴vereinigt ⁵Bräutigams=
jagb ⁶große Furka.

*) Am Palmſonntag, 24. April 1622, beim Aufſtanbe der Prättigauer.
**) Hiſtoriſch. Auf Anordnung des Grafen v. Sulz ſo geſchehen, der
im Spätherbſte 1622, nach der zweiten Invaſion, Fidelis' Überreſte
wieder ausgraben ließ.

bi anber Hälfti bür bs Solarüel [1] uuf zur chlaina Furgga. Das gebi noch a rächts Fräßä für fi, henn fi zua na fälber tenkt, unb br Ei unb br Anber hät prahlat, benna mifarablaga Pündtner wellen fi basmol noch a Poffa fpilla, baß fi noch ewig lang bra tenkenb.

Dr arem Seppatuni hät vom ganza Karjammel[2] nüb meh ghört ghah. Gfchwinb bruf, wo br Nanzi us'm Huus awäck ift, chunnt br Aloifi vo Bals, bär br Chrank a Wyli aluagat unb benn zur Denza fait: „J chumma grab rächt zum Stärbä; er züchl[3] fchu unb würt balb br leift Schnupf tua. A föttaga gächlägä Tob ift boch a trurigs Ding, wenn's ma im Überga=n au guat goht; benn Gfräuts hätt er nümma vyl ghah, fit 'r Wittlig worba=n ift. Bättä mer a Vatterunfer für fy armi Seel!"

6. Di Flühenba henb guats Gfell.

Uf'm Turra z'Nenzig chlacht's zwai Viertel uf Zächni. Gaffa=n uuf unb Gaffa=n ab niana kai Liacht meh, benn uf'm Lanb göhnb b'Lüt fry früa ga Ligga[4], wil fi gwünli zytli uuf unb an bs Wärch müefenb. Au bs Büelhuabers Huus lyt ganz in br Tunkli unb Alli zemma bört bry fchynenb feft z'fchlofa. D'Bronegg ift fchu um halbi Nüni uf jiera Chemmerli, wil's ara noh jierem Aagih nib guat[5] fy un fi b'Rua nötig hai. Gfchwinb brüber ab finb bi Alta beebi au an a=n Abzüha[6] unb henn fi benn in br Zuachammara binna ba gfchwinbawäg unbergmachat[7].

D'Bronegg fchloft natürli nib unb stäckät fozfägä=n albig am Faifterläuferli, benn jiera Nächnig noh muas es vom ab= grebta Zaicha nümma gär wyt fy.

Uf aimol ghört fi an Agarftarähggli[8], benn noch ais, unb fi waiß, baß jiera Chrifta=n uf fi warta tuat. „Gabenabieti Muater Gottes, gält, bu tuaft mer's verzüha, wenn i bm Ätti unb br Mamma zerlaufa, um mym Chrifta azghöra,

---

[1] kleines Hochthal. [2] lärmenber Auftritt [3] in ben letzten Athemzügen liegen [4] fchlafen [5] unwohl [6] entkleiden [7] fchnellftens fich in's Bett begeben [8] Elfterfchrei.

bär i vyl liaber hann us my Auga im Chopf. Gib du myna=n
Eltara an andari Gsinnig und wenn s' mer nohifluacha söttend,
ja laß du us'm Fluach nu Sägä=n atstuh. Tuan bättä für
mi vor Gottes Tru und laß mer in myner nüa Haimat
z'Tail la chu, was mer nutz und guat ist a Seel und Lyb!"
Aso süfzgat si still im Härrz, wil si mit ba Schua in ba Hend
in ba Strumpfsüeßlig lysli lysli in bs Underhuus abtäpplät,
um vo dört bür bs Hintertürli in b'Bündti uuszschlycha.
   A lychts Pündtali mit bm Allernötagsta und a chlais
Latärneli, daß si in a Tüechli ygwiglat hät, um's süra Für=
sorg mit ara=n uf ba Wäg z'nih, ist jiera ganzi Spusarobi¹.
Rantswytz² goht si uf ba Bierabomm zua; a paar Tritt noch
und si lyt jierem Christa in ba trüa starcha=n Arma. Wia's
ba guata Lüütli bim ersta Widerluaga sy hät möga, chönn si
nu bia fürstella, wo sälber lang und ahebig um a liabi Seel
chempfa hend müesa. D'Liabi nummt albig zua, je schwärer
br Champf ist und b'Not, und glütarat chann si erst wärbä
im Füürosa br Trüabsal. Wohri Liabi ist stercher us br Tod,
benn si stammat us'm Himmal und br Vatter über ba Stärnä
ist jierer Schutzpatru, bär si bhüet und gsägnät.
   Wo amol br erst und gröst Fräubasturm verby gsy ist,
sait Christa: „Mer hend etscha süüf Stund bis y ga Zat
Nochus³ und müesa mer jetz schu uuszüha⁴ „flüüg, oder i nimm
di", wemm mer noch vor br Taglütari dört verbychu wennd.
Vom Nenziger Himmel goht's noch wyt und streng obsi bis
uuf zur chlaina Furgga und meh ober wenager simm mer albig
in br Gsohr bis mer bs Solarüeljoch⁵ hinder nis hend."
   „D'Lüemächti⁶ hät mer nia nüd tua", git b'Vronegg
zrucf, „b'Liabi und b'Angst macha mer schu Bai; du würst bi
verwundera, wia=n i zebla⁷ und uuszüha mag!"
   Bis zum Käpälläli bi Stellsüder⁸ isch wacker tunkel und
zytawys müesen si nu uf Grotwohl bruf los tappa. Zum
Glück chunnt br Mu fürha, bär bi schwarza Pfühwolka⁹ zer=

---

¹ Brautfuhr ² stracks ³ kleines Alpdorf im Hintergrund des Gamper=
ton ⁴ sich sputen ⁵ kleine Furka ⁶ Körperschwäche ⁷ zappeln, eilen ⁸ Orts=
bezeichnung ⁹ Föhnwolken.

tailt und bi best Zündi¹ für si ist uf'm aisama Spusawäg
über da Nenz'gerbärg y in bs Gampertu. Uma halbi Zwai
umha sin si schu bi dr Chüabrugg-Kapällä binna gsy, bis wo
ma's vo Nenzig uus zwai a halb Stund rächnät. Si sind,
wia ma gsiat, ruckli uuszoga und hend under da Füeß kai
Gras wagsa luh. Aini dr liaplahasta-n Augstanächt ist daas
gsy, zum Flüha hetta ma si nid besser wüntscha chönna; si ist
na-n aber au wohl chu; waiß Gott, wia 's na suß gganga wer!
Wia vom raista Silber glitzerlät's aha-n us da grawa,
ruha Felswend und vo da-n allmächtig hoha Grät, bsunders
vom Erchopf und vom Matschospitz, bia wia Bärggaister bo
stöhnd und über b'Wolka-n uufzglanga schynend, bis in da
Himmel; a wundersammi Melody singend b'Wällä vom Mang-
bach und bi hübscha Wasserfäll, bia bo und dört Turrahöhi
und noch höher ahatschudarend, bis daß si a Tail vom wyß-
schummenda Wasser in tuusig und tuusig Stäubli uslößt; an
aiges Bisma goht dür da Wald und dür bs Gstüüd, brezys
wia Chlaga und Süüfzga, gaisterhaft und doch gär haimeli,
liapli und truut, daß ma gärä zualosa hät möga; aber für das
Alls hät Christa kai Sinn; sy ainzagi Soorg ist b'Bronegg
und derra jiera Denka-n ist Christa. A Wyl erschnusen si bi
dr Chüabruggkapällä, aber gär nid lang, denn b'Zyt erlaubt's
nid. Also a Stund goht's vo dörta-n awäck, sa liggend alli bia
Älpli uf dr lingga Bärgsyta, wia: „Chäserliboda, Fallscherina,
Albila, Strubälpli, Wyßbach und Schmelzbärg" a hübscha
Stuck hinder na. Wo si bi dr Galtvähalp² Vals verby göhnd,
isch ugfohr Drji gsy. „As bruucht Alls, wemm mer noch vor
Tag näbät Zat Nochus verby mögend", maint Christa zur
Bronegg, aber bia loht ma nüd brus la guh und sait: „Wer
khönnd's khand, bis dört goht ma's ring in ei und a viertel
Stund, chast denn nu luaga, ob i nid rächt ghah hai!" Si
hät denn au vollkomma rächt gha und bs Glück will na gär
wohl, denn si chönnd bim gsährlähästä Posta z'Zat Nochus
uvermerkt z'schlüüssa; Alls ist stilla, Niamat muggset si. „Gott

¹ Leuchte ²Jungvieh-Alp.

Lob und Dank, daß mer afa=n amol so wyl sind!" mögend Beebi tenkt hah, wo si laufaswys dm Panüel und Solarüel¹ zuagsträbet sind, daß na vilzyt silla dr Otem usgganga=n ist. Entli blybt nid ewig uus! Vom zweistündaga Wäg vo Zat Rochus awäck bis uf di chlai Furgga ist bi ai Hälfti glückli überstanda; si sind bim Hirzabad, wia das chlai Seeli im Solarüel gnamsat würt.

„Noch etscha=n a schwachs Stündli bruchen si noch, um uf bi chlai Furgga z'chu", maint Christa, „benn hajen si dr Haber gwunna². Si törfend jetz a bitz stäter marschiera, das Laibist sy überstanda und Gfohr hai ma gär kaini meh z'fürchta!" Di guata Lüütli wüssend, wo si näbät dm Seeli a Wyl er=schnuufa tüend, eba noch nib, daß si wia in ara Musfalla dinna stäckend, und daß na vorna und hinna bi allergröst Gfohr nohat.

* * *

Etscha=n a halb Stund nohdemm as b'Vronegg us'm elter=laha Huus awäck gsy ist, fahrt dr Büelhuaber grusig z'Luft, denn im a laida schwärä Tromm chunnt ma für, as wella ma zwei Schelma in sy Huus ybrächä. Wo=n er ufstoht, um noha=z'luaga, ob'r au noch Alls in dr ghöraga=n Ornig aträffi, gsiat'r in ds Maitlis Chammara d'Tür speer=m=Angel offa und nid nu baas, är gsiat au noch, daß ds Maitlis Bett gär nid agrüert gsy ist. Do goht ma=n a grusigs Liacht uuf; kai Zwyfel, b'Vronegg muaß uuf und drou sy, das fählt si nib! Zerst chunnt a aswas laida Enggi³ a und denn muas er churra und chürchla⁴, grab as ob'r ersticka wetti. As goht a Wyl bis 'r widerum dr rächt Otem überchunnt, denn goht's aber a und baas für guat⁵! Zylawyß tuat 'r fluacha=n aswia a Türgg und denn widerum jesma⁶ di ganza Lengana, daß b'Lüüt im Huus maina hend möga, är sy numma bim rächtä Verstand.

Entli ergit er si a bitz und will gschwind in b'Hosa

---

¹ Weidegründe ² das Ziel erreicht ³ Athemnoth ⁴ Hustenreiz ⁵ daß es eine Art hat ⁶ jammern.

schlüüffa, aber dr Schutzmuttli[1] findt in dr grufaga Vernöti[2] faſt nümma b'Hoſabai und au b'Chnöpf chann er faſt nümma ymacha, denn b'Hend zittarend und b'Bai göhnd aswia a Ggatter[3].

Dr Oberchnächt muaß au fürha und Beed tüen ſi ſtifla[4], um ſa gſchwind as mügli dür ds Gampertu y gega bia ober diſi Furgga da Flühenda nohizguh, denn dr Alt nehmti Gift druuf, daß Niamat andariſt us dr Seewaſer do gſy ſy, um ds Maitli mit ma=n awäck z'zöhka.

„Mer tüend's, wia b'ſaiſt, dm Seewaſer verdanka, daß b'Sach ſa wyt chu iſt!" maint ds Märri[5], ds Wyb vom Büel= huaber, wil ſi aſa halba rähggend zur Stubatür yhazwärrlät[6] und ſi denn uf ba=n Ofabank grab la falla loht. „J muaß hocka, b'Bai wemm mi nümma heba", jamarat di arem Taja[7]. „Wo d'vorrig aſo glärmertiert und tua[8] häſt, bin i uuf uf ds Chemmerli wägä dr Vronegg Hääß ga luaga. Gär nüd fählt us ds Hääßli, wo ſi all Tag agha hät und natürli ſy ſälber! J hann Alls usgmuſat in jierer Goſſara und im Chaſta nnd hetti gär nüd Präſtends[9] finba chönna. Alls lyt an ſym ghöraga=n Örtli: „ds Mäßli[10], das nü Müeber mit dr Sybaſchnuar und dm ſtyfa, hübſch garnierta Papyr, dr tunkel Tuachtſchopa, bi enggfältlät Juppa und bi rota Strümpf. Verſchlaicht[11] muas ſi nüd hah, ober amol nid vyl; us was für ama Grund ſi's nid tua hät, würt ſi ſälber am Beſta wüßa, i amol waiß es nib!"

„Dr Grund lyt am Tag", underbricht ſi dr Alt mit ſyner räuſcha[12] Stimm, „ſi hät gfürcht, mr chönntend Argwu hah, wenn ſi baas ober biſes fürhazühi, und denn hät ſi au gwüßt, daß ma überbennat nib ſöttigs Hääß trait, wia do. Si iſt überhopt an abgfüerts Ding und hät üs dur jiera Polytaſchi ghörig z'überliſta gwüßt. J möchta mer grad bas letſt Härli uf'm Grind rupfa, daß i nid beſſer uf ſi uſpaſſat hann. Mer

---

[1] Strubler [2] Eile [3] ſtark zittern [4] ſich bereit machen [5] Maria [6] herein= taumeln [7] Bedauernswerte [8] ſchimpfen [9] Fehlendes [10] feſttägliche Kopfbe= deckung der Frauen [11] verſchleppt [12] hart.

hettend aigentli in ba letſta Taga ganz guat merfa chönna, wia ſi ſi gega vorhi verenbarat ghah hät; as iſt ja gär nümma bas glych Mentſch gſy. Aimol hät ſi umhaggigarat und under br Stimm gſunga, das ander mol a truragi Zanna¹ gmachat, as ob's an a Bhüeta gengti; aſia iſchi umhatuußat² aswia a Kunfuſi³ und handchehrum hät ſi Fläug⁴ tua faſt wia a Taubi⁵. Hauptſächli b'Chuchanig⁶, wia ſa ſi in ber Letſti verfüert hät, hetti biar zur Gnüegi bawyſa chönna, daß ſi mib jiera Gabanka überaal umha gſy iſt, nu nib bahaimat und bi kainer Arbet. Nib nu aimol, nai, dick häſt bu zua mer gſait, bu chemmiſt nümma-n uſara, bu müeſaſti grab z'Tob äſſä⁷ überſi. Derra Chlekta⁸, wia bbu aſia ghah häſt: „Si verſalzi b'Suppa wia Härig, ober ſi leſſa ſi öb, uhni a Sprähtli⁹ Salz; ſi leſſi vilzyt b'Choſt alabrinna, daß ma bs Brünſtala¹⁰ für bs Huus uus ſchmecki, ober au, ſi ſübi mengsmol b'Sach nu halba; ſi hai überhopt kai rächts Mäß und kai Pfacht¹¹ meh und ſi veruſchicki¹² Mengs bür jiera Chopflöſi,“ i ſägä, berglycha Sacha hettend by, wenn b' nib tümmer us tumm gſy weriſt, uf ba Gabanke füera ſölla, bo müeſi meh us nu Gwünlis, bo müeſi a haimlahi Holbſchaft brhinder ſtäckä.

„Do hemm mer's! jetz mueß i noch an Allem b'Schulb ſy!“ chlagt bs Märri, „aſo goht's aim, wemma tuat, was ma chann u ma nia a grüebata=n Augablick hät. I hann rächt gnuag, bu bruchſt mi nib z'bſchulbaga. Du biſt b'Schulb bra, ſa guat as y! Waiſt!“

„Halt b'Schnöögga, i mag üüt ghöre von br!“ ſchnerzt¹³ br Alt älengari täuber. „Du witt alla Witz gfräſſa hah und biſt in vila Stucka notta bi tümmſt Bläznogga. Bin i nib vylzyt vo Huus awäck und bu albig bahaimat? Wär hät uf baas, was im Huus fürgoht, meh Acht z'gih, bs Wyb ober br Maa? Das iſt doch bigottlig balb arrota, wär! Aber, mer hen's jetz wia

---

¹ Leichenbittermiene ² gebankenlos ſchlendern ³ Verwirrte ⁴ Sprünge
⁵ Verrückte ⁶ Küchenhantirung ⁷ ärgern ⁸ Klagen ⁹ Priſe ¹⁰ Brandgeruch
¹¹ Berechnungsmaaß ¹² vergeuben ¹³ rauh, ſtoßweiſe reben.

mer's hend; b'Suppa, wo nis ghört hät, müesa mer jetz halt mibananbera usfrässä, das Schulbaga wie das Uschulbaga. Umasust söll mr baas in mym Huus nib passiert sy, sälb säg i! Wemm mer das suber Päärli noch bazüha mögend, benn guat Nacht Seewaser, benn gnab b'r Gott, Vronegg! Beebi söllen's schwär bäterza¹, was' mer aaggricht hend, drfür will i guat stuh!"

Billicht würt'r noch wyter gfuttarat² hah, wenn nib grab in bemm Augablick der Chnächt us br obara Chammara in b'Stuba=n aha chu wer unb gsait hetti: „I. bin ggrüst; was mainend er, wemm mer jetz nib guh? D'Zyt goht unb bi Flühenba wärbend a guata Stuck für sy!"

„Häst Nächt, Tuni, baß b'mi ermahna tuast!" sait br Patru brüber ab, „mer müesenb waibli abschieba unb jebes Minütali z'Nutz chehra, wenn bs Nohilaufa etschas hälsä söll; suß isch besser, mer hockenb grab bahaimat. Märri, gschwinb gang unb fergg nis a Gguttara Jenzner, a ganzes Brot, unb a wackara Chnüber³ tiga Flaisch, baß mer's in ber Waibtäschä mit nis nih chönnb; mer wärben's etscha woll brucha chönna!"

* * *

„Vronegg, Herr Jeses, Herr Jeses! lua bo bobna, bs Fürggli ist gspeert, mer chönnb nümma büra. Das ist nib nu für pasalitaa⁴; bo ist meh us nu Gwünlis brhinber, bas fählt si nib! Was für ama varmalabyta Gmäli⁵ wärbä mer bia Suppa z'verbanka hah? Ob bm Seppatuni? Nai, bemm boch nib, bär ist a guatmüetaga ufrichtaga Tschali⁶ unb nib Aina vo Denna, wo hüchlenb. Mueß br Tüügger jetz noch Chilbi hah⁷, wemm ma=n asa fast ama Bort zuahi ist!"

Christa stammlat's unb b'Vronegg wer vor Schrecka fast plätsch uskyt an ba Boba, wenn er si nib noch alheba hetti chönna.

„Wenn's Zwai ober Drei werenb astatt Vier ober noch meh, nehmt i's mit benna laiba Tonbara noch uuf," sait Christa,

---

¹büßen ²aufbegehren ³tüchtiges Stück ⁴zum Zeitvertreib, passe-le-temps ⁵Lümmel ⁶Gutmütiger ⁷Muß ber Teufel bazwischen kommen.

und är machat b'Fuust und ritschgat¹ mit ba Zeh, a sichers Zaiha, baß 'r vom Zoora ganz übernuh ist.

„Lua lua, si müesa nis erlickt hah; si chönnd wia b'Nüfi² uf nis zua! Chumm zruck, aber waibli, waibli, asmo würt nis br liab Gott schu noch an Usmäg zaiha, mer wennb b'Hoffnig noch nib ufgih. Im schlimmsta Fall chönnta mer au noch bür bs Fohra= sürggli büra zur großa Furgga, ober wemm mer bas nib wettend, chenni noch an anbara Wäg, bär fryli wyt und wägä ba Lüüt gfährli wer. Vo Zat Nochus awäck chamm ma näbät bm Vig= loriatobel uuf; benn goht ma über bs Joch und chunnt bür b'Alpa Zalim und Brüggäli in bs Branbnerthal über, us bemm uf br anbara Syta vom Mothachopf über b'Alpa Lagant und Schattalagant und albig bm Alvierbach nohi, br Wäg zum Lünnersee fast mib zuana=n³ Auga z'finba wer. So lang as mer noch schnuusa chönnb und a biß Bai macha mögend, söllen s' nis nib überchu, zerst probiera mer noch Alls."

Wil Christa baas zur Bronegg sait, chehren si um und laufend, was si b'Bai nu trägä mögend, wiberum brbürab zum Hirzabab. Wo si dört achönnd, loht bs Maitli noch amol a Schrai ab und zaihat nitsi uf ba Fuaßwäg, wo si vorhi ufa= chu sind.

„Jeses Maria, br Ätti! Lua nu Christa, bas ist a; sälber und lybhastig chunnt er nis mib üserm Chnächt agega. Üs hülft nüb meh, mr sind uhni Gnab und Varmhärzikeit verlora, bas fählt si nib! Christa, my liaba Christa, gsiast nib br See bo; wemm mer nib grab mibanandera stärbä, baß mer byanandera blyba chönnb für alli Zyt, baß nis Niamat meh b'Rua stört und br Friba?"

Christa hät aber noch nib im Sinn z'stärbä; „bas wemm mer bis zletst luh," maint'r, „vorhi lohmer's noch uf bs Aller= üfferfta la chu!" Vi benna Wort tuat si sy Postur in jierer ganza Größi ufrichta und är ist aso azluaga=n aswia a Bärg= tanna, bia si au ima=n Urwätter nib pauggä⁴ luh will.

---
¹ knirschen ² in größter Eile ³ geschlossen ⁴ biegen.

Sy Auga sind biazyt¹ au nid müeßig, si sind in die grusig gähä Syta und schüha² Felswend zringum ggricht, grab as ob si Als dürbohra wettend; ma gsiat, daß si wia an Etschas umhasuachend.

„Vronegg!" tünt's uf aimol wia Fräud und Angst us syner Brust, „chumm! Was d'Mentscha unmügli tunkt, würt mügli, wemm ma dr Muat nid verlürt und ds Vertrua uf da liaba Gott nia ufgit!" Wil'r daas sait, zaihet er mit da Hend in a grusig laibi stotzagi Syta düra, wo ma maina hetti möga, daß a Mentsch gär nid guh chönnti. „Dört dür und uuf müesa mer, suß simm mer glisarat³. A hübscha Spusawäg hemm mer fryli nid für nis, villicht hend noch gär Kaini a söttaga ghah. D'Find und d'Fründ söllen's aber vo hüt a wüssa, wa d'Liabi wogat· und was ma z'tua im Stand ist, wemm ma d'Furcht vor'm Tod ganz abgstraipft hät."

„A Gottsnamma, sa sy's denn!" lischpet d'Vronegg; „du waist, my Platz ist albig nu an dyner Syta. Liaber in da Felsa=n erfalla, us in d'Mentschahend chu!"

So fohen si a lausa hert näbätanandera und filla sa gschwind aswia d'Gamsa düra in das laib Ggrisel, ob demm uuf bi graußmächtig Wand, an Art Plaisa, mid Felsachöpf, Wasa= pöscha und Riser, si gär wyt ufzücht. Im Ggrisel isch ulingsam, aber si gennd nid lugg, si chichend⁴ fürwärts, denn d'Find vo unna und obna chönn na schu uf Schutzbiji nohi und löhnd ai Schrai über dr ander ab aswia d'Perrifügs⁵, wil si in dr Mainig gsy sind, bi Flühenda chönnend uf kai Fäll meh wyter und jetz sys Mathëei am Letsta mit na. Aber wia speeren si d'Auga=n offa, wo si gsähä müesend, daß dr Seewaser ds Maitli aswia a Huat über a Felsa=n=absatz uflüpft und denn wia a Chatz nohichräsmät, und wia si gär akai Astalta träffend,

---

¹ unterdessen ² gefahrvoll ³ verloren ⁴ keuchen ⁵ Fuchsschrei.

ſi ergiħ z'wella, im Gegatail, albig vo Stuaſa zu Stuaſa nu wyter trachtend und höħer aſtend[1].

Das bösartig Lächlä iſt uf aimol aſwia awäckbloſa gſy, und jierna Fräubaſchrai ſind zerſt übergganga in aswas Gflüech und Gſürr, drnoħ aber in aswas Tü, bia faſt anara Bawunderig gglichat ħend. Verflüecht gärä weren ſi wyter noħi, aber nid Aina will ſi in aſo a laibs Ding y verwoga, us demm, wia ma:n anümmt, ds Päärli welläwäg aħatroħla ober zruckchu müeſi. Chriſta iſt underdeſſa nid müeßig und ſuacht alli Vörteli z'profitiera.

Was kaim Gamsjeger z'Sind chemti, chunnt imm z'Sind; wo nu d'Tiar ħofeli ſtüüra ober lauſa chönnd, und wo noch gär nia a Seelabai[2] ħychu iſt, do goħt är. Das aimol ħät'r b'Spuſa ufm braita Rugga, das andermol tuat'r ſi vo aim Abſätzli uf das ander uflüpfa ober ufzüħa, das drittmol muaß ſa ſi an ſym Buuchband[3] ħeba, ober är tuat au Böckli ſtuħ[4], daß ſi überna:n uuſchräsmä[5] chönni. Si zittarat fryli aſia und ds Härrz tuat ara grimmig pumpa, wenn ſi über bi chilchaturraħoħa Grinba:n a Güggli abtuat, ſo ħoch ab, daß d'Lüüt im Solarüel dunna nu noch wia munzigchlaini Pünktli usgſiend; ſi loħt a verzwyflata Räħgg ab, wo a mächtägä Stai, aina faſt wia a Rybiſtai[6], vom ma wyter dobna verbypſurrenda Gamsbock lebig gſprengt, in großa:n Aħütz[7] oba:n aħa polbarat und jirna, wenn ſi ſi nid grab z'bücka chu werend, b'Chöpf libarament awäckputzat ober ſi ganz zu ma Matſch[8] zerſchmätterät ħetti; ſi jesmat, wo Chriſta mib jiera uf'm Rugga ama:n Ort, wo ħäħls[9] und ſchliferigs Gras gſy iſt, a rooßa Tätſch uf da Buuch uſtuat und ſi um a chlais faſt nümma z'ħeba chunnt. Där aber chennt wäder Angſt noch Furcht. „Luag, bbitti, nia nitſi, nu albig obſi!" tinget ara gruuſig a. „D'Gamsjeger wüſſend, daß ma gär nia ama troħlenba Stai in b'Tüfi noħiluaga ſöll, wil's aim ſuß ſchwindli und aſwia noħizüħi.

---

[1] ſtreben [2] kein einziges Bein [3] Leibgurt [4] vorübergeneigt [5] klettern [6] Hanfreibeſtein [7] Sprünge [8] Breimaſſe [9] glatt.

Wemm mer rächt ist, wärbä mer das Bööſta glḩ überſtanba hah, trua tuan i's amol! Simm mer us berr laiba Rühi buſſna und uf'm Ebnali bobna, ſa göh mer bür a wilbs ruchs Hoch= täli wḩter fürwärts, löh nis albig meh ober wenager gega Sunna=n=ufgang zua und trachtend aſo ſa guat us mügli iſt ba grabawäg uf ba Schächaplanagletſcher ufzchu. Mer wärbenb bört uuf woll noch menga Pḩſt abluh¹ mueſa, benn br Wäg iſt gär ſtreng, was i amol ſälber uf ara Jagbtur gnuagſam z'erſahra chu bin. Bo br Ebni bis uf ba Gletſcher ober Branderferner, wia Zier bennat ſägenb, ſchetz i's aſo a guati Stund, orbali z'lauſa, und vo bobna=n awäck über ba=n Alpſtai und bür bs Schofloch bis gu Faſus mögen's noh mḩner Rächnig etſcha zwai Stündbli ſḩ. Wemm mer amol z'Faſus ſind, chömm mer Beebi froh ſi, bört ſöllen ſ' mer ga Füüſerla chu², ober wägä mḩna macha, was ſi gärä wennd, bi laiba Hürner³. Aber gält, zruckhocka hen ſi notta mueſa, as höt ſi nüb meh gwunbarat, nohizchu, ſi henb woll gwüßt worum. Häſt gſähä, was bia für Spargamenter und Krammaſſa gmachat henb; ma hetti grab lacha möga, wenn aim etſchas brum gſḩ wer. Dia wärbä mer hüt als Zemmachlöpfa⁴ und Rotſchlaha; ſi ſöllen's nu, ḩ ver= gunna na's gär nüb, und wüntſchana=n im Übrgä wäder Guats noch Schlächts." „Du biſt halt mḩ ggalanta Chnächt, bu häſt na bs Wäſä gmachat⁵ und baas noch fürguat!" ſchmaichlat bs Maitli bm Liabſter, wil ſa ſi herrt ana zuahi ſchmücklet⁶, as ob ſi grab in na=n ḩ ſchlüſa wetti. „Mer khönnb's ſchu noch," maint ſi, „chumm, mr wend noch a chlais Wḩli abſitza und midananbera=n a bitz plaubara; lua, uf bemm Felſabenkli bo hemm mer Beebi grab rächt Platz!" — Chriſta iſt grimmig vver= ſtanba mib jierem Vorſchlag; ſi ruabenb a guati Wḩl uus und hettenb in jierem Gätätſch⁷ vo Liabi und über'm Planiera vo br Zuakumpſt balb vergäſſä, baß ſi albig noch a laibi Chlätterig für na henb und baß b'Sach müglaharwḩß boch noch ſählä

¹ Seufzer ausſtoßen ²mögen nur herankommen ³Starrköpfe ⁴zu= ſammenſchwatzen ⁵ſtrafen, eintränken ⁶ſchmiegen ⁷Geplauder.

chönnti. Entli müesen si notta vo Guh sägä, benn Christa hät
uf syner Ggallotta¹ gluagat, wie spoht as' sy, und drby uussa=
gfunda, daß ma z'starch in ba Hinderlig² chemi, wemm ma noch
lenger verzühi. So tůen si a Gottsnamma widerum asoha wyter
chlåttårå und chönnd benn gly bruuf bůr a schmals Gengli —
aswas an Art Gamsawägli — zu ma laiba Schrofa³, båa na
grab im Wäg stoht und si ufhebt. Ob na=n a chlaini gglatti
Plattaslua, under na chlosterhohi Absätz und für na br laib Schrofa,
wåhrli, kai hübschi Zuaversicht für bia Zwei! Christa waiß si
zerst fast nůmma z'hålfå; so nooch am Zyl und notta noch
a guata Stuck brvu und was noch går das Bööfta=n ist, kai
guati Ussichta drby! „Herrjegerli Gott au, simm mier nid an armi
Bbagaschi⁴! Will's nis benn hůt grab nid!" focht'r a z'tyra;
„hemm mer benn noch nid gnuag ghah? müese mer grab noch går
kaput guh, wemm mer silla=n am Lenba zuahi sind⁵? As tunkt
mi fast, as sy aso!" „Wägä myna" fahrt'r fort, „isch mer
nid; y chemti schu elschwia bo bůra und går uuf, aber bu, my
liaba Schatz, my userwåhlts Seeli, bu tuast mi grab z'Tob
erbarma; guat gnuag gsian i's, wia's bi håragnuh hät, wenn
b'schu nůb saist und au nůb chlagst. Wenn b' a Wehlybagi⁶
und suß a Chlagari werist, teta's mer lang lang nid aso; i
muaß mi halt nu bschulbaga, daß br z'vyl zuagmuatat hann;
y hetti's můssa sölla, daß Wyb und Ma nid bi glicha Strabatza
bůrmacha mögend, aber was tuat und benkt ma in ara söttaga
grusaga Vernöti⁷, in berra mer bis bo zuaha gsy sind!
J muaß mi bigos!lig im verzwysletä Gschütz⁸ bo bennat
uf bi lätz⁹ Syta ggluh hah, das schynt mer amol uus und
fertig! Zruckguh und ama·n anbara=n Ort probiera ufzchu,
chönnta mer fryli, aber wia goht's, brby verlůrt ma bi chöstli
Zyt und wår waiß, ob ma's benn wůrkli au besser erträffa
wůrti. Vronegg, i will doch noch a Probier macha; an Etschas
hann i tummerwys noch går nid benkt!"

---

¹ Messing-Uhr ² Rückstand ³ verwittertes Gefels ⁴ Gesellschaft ⁵ landen,
am Ziel sein ⁶ Wehleibige ⁷ Übereilung ⁸ große Eile ⁹ unrichtig.

Vorder=Prättigau. 9

Bi syna letsta Worrt lait r' si waibli uf ba Buuch, um über ba=n Absatz, uf bemm si slöhnd, abzluaga und Aus uf das Allergnausta z'visitiera. A Puschl Chloster wyt bunna=n erlickt'r an anders Gengli und in bemm binna ganz tütlahi Gamsaspoora, bia gega ba Schrofa büra göhnd, wo si si im a Spalt — an Art Chrinna — wägem herta Gstai bi bitz verlürend. „Amol sövl müssa mer asa", sait'r volla Fräuba, „bass mer a Stuck Uswäg hend, fryli a schlächtä gnuag, aber liaber a söttägä us gär kaina! Jetz haisst's b'Schua und b'Strümpf abzüha, wemm mer bo in das under Gengli ab wend, suss würti's grab z'schaffa sy[1], bass mr abchemtend." — Si machen's denn au aso und är chlättärät hofeli füür ab und zaihet br Liabsti, bia hert ob inm nohi chräsmerlät, a jebes Rühali[2], Zäggli[3] und Pöscheli[4], wo b'Hend und b'Füess wia lycht a Fassi ober a Hebi[5] hah chönntend. „Gott Lob und Dank! i hann bs Wägli!" rüest'r uf aimol. „Broneggli, my liabs, nu noch a Schritt linggs, benn lass nu flacka; i heb ti, bu tarfst rüebig sy!".... Totablaich lyt si an syner Brust . . . . . „Aber herrje y, wia bu nid brygsiahst, bu arems, arems Tröpfli! Luagend aso, bi zerschunna Zewa[6] und bi offna Färschänä[7] hät si und über bi rächt Hand zyssat ara bs Bluat ab[8]!" Eba si's nu z'gsähä chu ist, hät'r schu a Stuck vo synergam ana Hempt=ermel[9] mit bm Tätzli[10] abgschrenzt ghah, um ara b'Schrunba und b'Flärrä[11] verbinba z'chönna. Zum grossa Glück findt'r im Brusttuachtäschli noch a chlais Strempli[12] von ara=n Aller=mannharnistwurza, bas er an bia Ort, wo's am ergsta blüat, uflait, um benn brnoh b'Blätzä brüber z'binba. „Bist du au Aina! ä rächtä Dokter Ysabart!" lächlät b'Bronegg mib füechta=n Auga und si git ma in a Pagga=n a Tschiggli[13] mit bm lingga Hendli, aso a Tschiggli, wia's bi Verholbata gwünli zum Bruuch hend. „Ja, ja, bu bist under Auna br

---

[1] es wird Alles brauchen [2] Rauheit [3] Zacken [4] Rasen [5] kl. Anhalts=punkt [6] Zehen [7] Fersen [8] hervorspritzen [9] von einem seiner Hembärmel [10] Manchette [11] Hautschürfung [12] ein Weniges [13] sanfter Streich.

Beſt", tuat ſ' ma wyter flattiera, "a Söttägä git's kai Zweita, ſa wyt ma goht und ſtoht; aber bait nu, y will dr albig a trüüs und a guats liabs Mägdli ſy, daß b' gär nia ggrua ſy würſt, my agſtellt z'hah." — "Dy liaba=n Auga und dy Härzli jägä mer's zum Vorruus, was dr y bin und was b'mer du ſy würſt. Worum ſötta ma für aſo a liaba Schatzhuuffa, wia dbu biſt, nid Alls tua und nid Alls woga? Das wer mer noch, wemm ma's nid teti! Nai, Nai, bs Läbä gib i härä für bi, we n n b'witt! A truraga Spuſawäg hemm mer, aber will's dr liab Gott würt üſer Zemmalābā um ſa gfräuter ſy, denn an der Gnad, ananebra=n albig verſtuh z'chönna, ſöll's üs nia ſählä!

So my Liabi, jeh würſt a bih erſchnuufat ſy; mer müeſend a Gottsnamma luaga und macha, daß mer noch graggär bo büra=n und uuf chönnd. Bait nu, i träg bi, i nümm bi grab uf ba Nugga! ... So iſch rächt; heb bi nu guat amm mer; tua grab b'Auga zua, daß b'vo Allem zemma gär nüd meh gſiaſt, und fürcht dr nu nüd, mer tüeend etſcha midananbera Lāgālā=tröhla[1]. Als goht grvüß aswia tenkt. Ds Gengli bis zum Schrofa hät, wia b'gſiaſt, an ordalahi Braiti und au a Bſchaf=faheit, daß i nid z'verſtürchla[2] chumma, wenn i nu a bih Acht uf my Bai giba; und dört dennat im Laidſta hät bs Gſtai gär nid bie bös Gattig, wia's aim vo=n oba=n aha z'luaga fürchu iſt. A Stückli büra goht's faſt aswia über a Simſa, uf derra mier zum Schryta gnuag Plah blybt, denn chönnd noch a paar Zagga=n ober Zeh[3], bia mi nu ſa luſtig[4] und ganz khand trägä mögend, und denn — denn hemm mer, will's dr liab allmächtig gnedig Gott, bas Ugwährlähä[5] ſozſägä ganz überſtanda!" —

Dennat ſin ſi überem Schrofa im a Plaisli. Hetti Chriſta wia lycht a ſchälbä[6] Tritt tua, ſa werend Beedi chilchaturra=hoch abgkyt und das Ei wia das Ander wer ganz zerſchmätterät wyt dunna glägä, im a laiba wüeſta Loch dinna. Und Niamat

---

[1] ineinander verſchlungen hinunterkollern [2] ſtraucheln [3] Felszähne [4] ganz leicht [5] Gefährliche [6] ſchief.

hetti f' meh funba, Niamat hetti f' vergraba. Gfähä=n und gfunba hetten f' nu b'Abler und bi großa Gyra, bia fi in denna laiba Dinger¹ gärä=n ufhaltend und wia br Tüügger ufpaffend, daß fi a Stuck Gfrääß, waß etfcha=n ift, z'erhafcha chemmend. Or guat Purft hät guat gnuag gwüßt, was für a chöftlahi Fert daß'r uf'm Rugga trait. Wia ggrafchiert² är fuß au gfy ift, hüt hät'r das bopplat Ggarafchi und bi bopplat Chraft bbruucht und das ift wählli Beedna wohl chu! Ds Ufchläittärä dür ds Plaifali, wo's gär nüb meh fellig³ gfy ift, hät na bua faft kai Baftyba⁴ meh ggih. Noh ara churza Stygig chönn fi denn noch zum a nibara Felfachamm, wo fi zerft faft gmaint hend, as fy mib ama Liab⁵ nid brüber= uufzchu. As goht aber notta beffer us fi gglaubt hend, denn am a=n Ort erlicken fi a Chemmi⁶, dür das fi ananbera=n uufhälfend. — Dobna uf br Flächi ftöhn fi jetz, verby ift bi uerhört Baizi⁷, bruus fin fi jetz, us aller Gfohr. A chüena Gamsjeger hetti afo guat driviertel Stund bbruucht dür das laib fellig Ding uufzchu, wenn er au albig uf'm rächlä Wäg bbliba wer; fy Beebi hend aber erft in zwei bis zwei a halb Stund ufnmöga mib allem Grägg⁸, allem Erlyba=n und Abtöba⁹.

Was für a wunderfams prächtighübs Bilb baitat na=n aber, wo fi br fchwär Strabatz hinder na hend und dobna ftöhnd wia uf ara Chanzla, hoch über dä Bärgtäler, nooch dm Himmel, zmitts und zwüfchend da=u allmächtig großa und wyt uufgar= renda Grät und Felszagga, bia uf br Schaitla a wytza Ver= bund¹⁰ trägend oder a ftrahlendi Chru vo ewagem Yfch. Di liab und göttli Sunna, bia bis zuaha hinder a brandfchwarza Wolkawand verfteckt gfy ift, chunnt uf aimol fürha und fpraitet uus über Bärg und Tal an ubfchrypli hübfcha Goldfchy, ehnli anara fampfta Verchlärig. Vo br Südoftfyta tuat's in Tuufig und Milliuna Strahla=n uusblitza, — vom Schäfchä=

---

¹ in gefährlichen Gebirgspartieen ² couragirt ³ abfchüffig ⁴ Mühfal
⁵ nicht ohne Anftrengung ⁶ Felskamin ⁷ Anftrengung ⁸ Kämpfen ⁹ Dulden und Aufreiben ¹⁰ Kopftuch.

planagletscher; denn grüezend im Osta br Mothachopf und bi
allmächtig hoch Zimba; im Norda br Fundelchopf und br
Schybaipitz, im Westa br Mattlerchopf, br Ogsabärg, und br
Näschopf; im Süda b'Panüelerschröfa, br Alpstai und br Hornspitz.

Ganz übernuh vo br ubschryplatza Herrlikeit, chnülat b'Bronegg
am a Stai zuahi, bi glenzenda=n Auga gega b'Sunna ggricht
und b'Hend zemmahebend wia in br tüffsta=n Abacht; — ma
gsiat ara's am Gsichtli a, si bättät. — Christa=n aber stoht
zwei, bri Schritt brou usm Bort vo br Wand dußna und
singt mib syner prächtägä Gloggastimm a Bärgpsalma in
b'Luft uus:

„Das offa Buach — b'Natur — tuat's nib verbärgä,
Daß Gott br Heer, bär überm Wältall stoht,
Als wysli gordnet hät noh synem Rot;
Wär Gott rächt gsähä will, muaß guh in b'Bärgä!

In b'Höhi gang! Wo b'bi au tuast erstella,
Gsiast überaal — luag rächt, bu merksch ja khand —
Daß gschaffa hah muaß nu a starchi Hand
Ds Birg mit ba Wälber, Waida=n und ba Quella.

Im Bärg ghörst bu br Heer, wenn bs Wätter tosat,
Wenn d'Läui tondarat und b'Rüfi goht,
Du gsiast a chu und guh im Morgenbrot
Und gspürst sy Chuuch, bär mit ba Blüemli chosat.

Und inna würst noch meh, witt bu rächt läsä
Im großa Buach; — am chlara=n Alpasee,
Im Gletscherfäub und uf'm ew'ga Schnee
Bagegnist bu — waist wemm? — bm höchsta Wäsä!

Suachst bu br Heer? Wär bu au bist bo bunna
Im Näbelmeer, chumm nu, bu findst sy Spoor!
Stellst b'bi im Tempel Gottes hoch uf b'Boor,
Fallt b'Binba bier vom Aug im Glanz br Sunna.

Lybst du, o Mentsch! ist etschmer z'nooch bier trättä,
Würst bs laid Wältgrümpel Uruah in by Gmüet,
Gang in bs Revier uuf, wo bs Alprösli blüet;
Dört würst bs Verzüha lärnä du und bs Bättä!

Verheb drum nid! was witt noch lenger baita?
Sträb albig wyter, bis du stohst am Tru,·
Uf demm du gsäha chast Där mit der Chru,
Wo b'Wält umspanna tuat und — b'Ewikaita!"

Inhaltsverzeichniss.

	Seite
Bauerntypen	3
Die Herengerichte im Prättigau	61
Der Spusagang.	
D'Bakanntschaft	74
D'Aafroog und a schlächtä Bscheid	84
D'Liabi in großa Nöta . . . . . :	87
Stürvis	94
D'Sach chunnt uus	108
Di Flühenba hend guats Gsell	118

9. Kanton Basel, 2. Heft. Wie die fünf Bluemen us em Aeschlemer-Kassitranz zue ihre Männer so sin (Schluß). E Familietag bi der Cusinen Ester, v. E. Kron. Eppis vo der Basler Mäß (Basl. Nachr.). Der Her Vikar und b'Margreth, v. Th. Meyer-Merian. Die nächtliche Irrfahrt v. J. Breiten-stein. Uf der Bluemmatt, v. J. Breitenstein, ꝛc. ꝛc.

10. Kanton Schaffhausen. Bun enen am Rhy, v. J. H. Bökli. E Gschicht, we mer berig am Rande obe verzellt, v. J. H. Bökli. Drei Bitten am Randen-Quell, v. Frauenfelder. Vor hundert Johre, v. A. Pletscher. 'S Schonetgrethli, v. F. Sulger. Hans in der Fremde, v. F. Sulger. Die gnädigi Frau (Hausfreund 1835). ꝛc. ꝛc.

11. Kanton Solothurn. Dr Tannhöfer, eine Dorfgeschichte v. J. Hofstätter. 'S Wybebüßeli, eine Dorfgeschichte v. J. Hofstätter. Aus der Lebens-geschichte des Gunzger Hans, v. J. Joachim. Ein Vormittag in einer Bauern-küche, v. J. Joachim. E Dorfschuel usgänds vom XVIII. Johrhundert, v. F. J. Schilb. Dr Zehnte, v. F. J. Schilb. ꝛc. ꝛc.

12. Kanton Bern, 2. Heft. Was heimelig syg, v. J. R. Wyß, bem jüngeren. Heimelig, v. J. E. Ott. Abendblieb, v. G. J. Kuhn. Schwizer-Heiweh, v. J. R. Wyß, bem jüngeren. Sehnsucht nach der Heimat, v. G. J. Kuhn. Des Guggisberger Mädchens Heimweh, v. H. Nybegger. E Grueß us dr Heimet, v. G. Straßer. Gang hei, Franzos! v. G. J. Kuhn. Lied für alli brave Schwizer, v. G. J. Kuhn. ꝛc. ꝛc.

13. Kanton Basel, 3. Heft. Das Schülertuch, v. K. R. Hagenbach. Der Häfelimärt, v. E. Kron. Die Lumpensammlerin, v. Ph. Hindermann. Eines alten Bürgers Festgruß an Hans Peter Hebel, v. K. R. Hagenbach. Usem Minsterthurm, v. Th. Meyer-Merian. Der Zopf, v. J. Mähly. Im Kloster, v. J. Mähly. Am Wienachtsfraustemärt, v. J. B. Bi Liecht, v. J. B. Blindi-Muus, v. J. Mähly. Katz und Muus, v. Th. Meyer-Merian. E Gruß, v. F. Oser. Kurz und gut, v. Th. Meyer-Merian. Uf Erde, v. Th. Meyer-Merian. E voll Herz, v. Th. Meyer-Merian. Am Tauftage eines Mädchens, v. Ph. Hindermann. ꝛc. ꝛc.

14. Kanton Zürich, 2. Heft. Ausgewähltes aus den Schriften v. Aug. Corrobi: Vor alter Zyt. Min Hans. Selbstbeherrschung. 'S Anneli. Es Wätter im Wald. De Vikari. De Vikari schrybt an en alte Fründ z'Basel. Schwizer-Idille. Diheim. Schwizerisches Chernebrob. Amanda, Lustspiel.

15. Kanton Zürich, 3. Heft. Ausgewähltes aus den Schriften v. Jb. Stutz: 'S Storchenegg-Anneli ist i der Stadt inne z'Dorf gsy. Schrecken und Verwirrung. Das bescheidene Veeteli. ꝛc. ꝛc.

16. Kanton Zürich, 4. Heft. Ausgewähltes aus den Schriften v. Jb. Stutz: Kriegsjammer oder de Heiri mueß ge Vasel. Hansels Klage. Berufs-wahl. 'S Leuewirts Chind hät i der Chile bbättet. Einbildung. Ein alter Schulmeister. Altes Heerebütsch. Die Wünsche.

17. Kanton Zürich, 5. Heft. Ausgewähltes aus den Schriften v. J. M. Usteri. De Vikari. Aus dem „Herr Heiri". Berglied. Was i gern möcht. De verliebt Rächemeister. So wird 's cho. Kinderlieder. ꝛc. ꝛc.

18. Kanton Solothurn, 2. Heft. 'S Anneli unter der Bornlinde, v B. Wyß. Die Wildsaujagd im Hersiwald bei Solothurn, v. A. Glutz. Dr Tüfel chönnt br Lätz näh, v. F. J. Schilb. Wien i bin e Rauker worde, v. J. Hofstätter. Nyte, Nyte Rößli, v. F. J. Schilb. D' Schnäggen-Ussäete, v. F. J. Schilb. D' Neujohrbachete, v. F. J. Schilb. Dr Wäber, v. F. J. Schilb. Dr Lächema, v. F. J. Schilb. Alles het zwo Site, v. F. J. Schilb. Der Seppli und der Joggeli, v. E. St. Glutz. Die verlorne Schwizertrachte,

19. Kanton Graubünden. Das alt Mändli am Flüela, v. A. 'a S. Eine ländliche Conversation in St. Antönien, v. Leonhard Pleisch. J weiß Oppis! Nach Andreas Barfuß. Im Kriasat, v. J. Kuoni. Abendsribä, v. Ch. Karnuzzer. D' Schälsigger Bsatzig, v. Christian Walkmeister. Was bs Oberländer Bräni oo rä Schansigger Hochzyt verzällt, v. Chr. Walkmeister. Wiä mr z'Peischt nöüwjährläb, v. Chr. Walkmeister. Uf b' Steig, v. J. Kuoni. Alpinisches Jdyll, v. Michael Kuoni. ꝛc. ꝛc.

20. Kanton Thurgau. Der Pfarrer als Korbmacher, v. J. Christinger. Eine ländliche Brautschau, v. J. Erni. D' Sponsari, v. J. H. Thalmann. De Hundsmörder vor Gricht, v. G. Bion. D' Kassivisite, v. J. H. Thalmann. 'S Glück, v. K. Nußbaumer. Wer chlopft? v. A. Sigwart. Daß men au so dumm cha sy, v. R. Sigwart. Der glückliche Älpler, v. R. Sigwart. 'S Wörtli „frei", v. Th. Vornhauser. Wie der Wichelsee entstande ist, v. J. Häberlin=Schaltegger. 'S Woppe vo Frauefeld, v. J. Häberlin=Schaltegger. Dr Tüfel im Thurgi, v. J. Häberlin=Schaltegger. Der Heiri vo Gerlike, v. M. S. Der Ring im Fisch, v. J. A. Bachmann. Der unrechtmäßige Schloß=herr, v. J. A. Bachmann. Der brennig Ma, v. J. H. Thalmann. ꝛc. ꝛc.

21. Kanton Zug. 'S Ägerital, v. Th. Nußbaumer. Zugerburgerlied, v. J. Bossard. Ein Waschweibergespräch, v. C. E. Keiser. Zwiegespräch zwischen einem Bauern und seiner Frau, v. J. Bossard. Flöchnerfest 1880, v. J. Bossard. Dr letst Wilteburger. Sage, v. J. Koller.

Kanton Freiburg. Der verliebte Hans Joosi, v. H. Nybegger. Volks=schwänke: Der reservirte Platz, v. H. Nybegger. Die hundert Messen, v. H. Nybegger. Der schreckliche Traum, v. H. Nybegger.

Kanton Wallis. Die Räuber im Pfinwald, v. Pfr. Lehner. Die Vor=ladung vor Gottesgericht, v. Pfr. Lehner. Der Untergang von Täsch, v. Pfr. M. Tscheinen. Das Holzhaus in Naters, v. Pfr. M. Tscheinen. Der ewige Jud auf dem Theodulpaß, v. Pfr. M. Tscheinen. Geistergeschichte vom Hanig, v. Pfr. M. Tscheinen. Poltergeist auf'm Hanig, v. Pfr. M. Tscheinen. Der Bojo am Blattu=Schuz, v. Pfr. M. Tscheinen. Der Geist im Erbji, v. Pfr. M. Tscheinen. Das Marslu vom Zermatter, v. Pfr. M. Tscheinen. Der Tisul hilft, v. Dek. Anthaumatten. Der Teufel als Base, v. M. Tscheinen. Hexengeschichte, v. M. Tscheinen. Rache, Rache! v. M. Tscheinen. ꝛc. ꝛc.

22. Wörterverzeichniss, Nachwort, Berichtigungen und Ergänzun=gen zu Heft 1—21.

23 u. 24. Kanton Basel. 4. u. 5. Heft. Krusi=Musi. E famos Kiechli=rezept us der Frau Sybille=n ihrem Kochbiechli (Basl. Nachr.) Wie der Ruedi B. e Schatz gfunde het (Schweiz. Volksfr.). Was mim Ma, im Großroth X., passiert isch. (E wohri Gschicht (Schweiz. Volksfreund). Fatali Verwerlige. Zwei wahr=hastige Geschichten (Schweiz. Volksfreund). Wien e Hochziter im Chartespil abschwört, v. W. Senn. D'Syberaupe (Schweiz. Volksfreund). Die Walden=burgerbahn, (Baselland), v. W. Senn. Die Begegnung, (Baselland), v. K. Schneider. Aus dem Posamenterleben (Baselland), v. K. Schneider. Im Herbst (Basler Nachrichten). E Tannezwygli us der Haimet. Zuem 24. Christmonet (Basler Nachrichten), v. E. Hetzel. Jagd und Krieg (vom Ludwig in der Iseburg), v. L. Sieber. 1. Der Fischraigel, 2. Der Traum, 3. Der Dirgge=Hans. Dr Vordrettmoler uss dr Steer, v. E. Hetzel. ꝛc. ꝛc.

25. Kanton Zürich. 6. Heft. Züritüütsch, e bramatisches Läbesbild